OS MANDAMENTOS

Luz de Deus para nosso caminho

D. HILÁRIO MOSER

OS MANDAMENTOS

Luz de Deus para nosso caminho

Coleção
Catequese em perguntas e respostas

EDITORA
SANTUÁRIO

Coordenação editorial: Ana Lúcia de Castro Leite
Copidesque: Sofia machado
Revisão: Luana Galvão
Diagramação e Capa: Mauricio Pereira

Dados Internacionais de Catalogação na Publicação (CIP) de acordo com ISBD

M899m Moser, Hilário

Os mandamentos: luz de Deus para nosso caminho / Hilário Moser. - Aparecida : Editora Santuário, 2022.
96 p. ; 14cm x 21cm.

Inclui índice.
ISBN: 978-65-5527-292-5

1. Religião. 2. Cristianismo. 3. Mandamentos. I. Título.

CDD 240
2023-282 CDU 24

Elaborado por Odilio Hilario Moreira Junior - CRB-8/9949

Índice para catálogo sistemático:
1. Religião : Cristianismo 240
2. Religião : Cristianismo 24

1ª impressão

Rua Pe. Claro Monteiro, 342 – 12570-045 – Aparecida-SP
Tel.: 12 3104-2000 – Televendas: 0800 - 0 16 00 04
www.editorasantuario.com.br
vendas@editorasantuario.com.br

SUMÁRIO

APRESENTAÇÃO

Muitos são os que se dizem cristãos, todavia muitos também são os que esqueceram os Mandamentos de Deus ou por eles pouco se interessaram. Há mesmo quem viva como se Deus não existisse. Nossas leis se multiplicam simplesmente porque não se observam as *dez Leis* que Deus nos deu, condensadas em *duas* por Jesus e, afinal, em *uma só*: amar a Deus sobre todas as coisas e ao próximo como a si mesmo. Tudo se resume no *amor*. Nos Mandamentos, estão em jogo *três amores* que, na verdade, são *um só*: o amor de Deus *por nós*, o nosso amor *a Deus* e o nosso amor *aos irmãos*.

Expulsemos, pois, da mente e do coração o temor de que os Mandamentos são normas impostas por um Deus voluntarioso e dominador. Pelo contrário, compreendamos que *tudo se reduz ao amor*. Diz São João: "Nisto consiste o amor: em caminhar conforme seus mandamentos" (*2 João* 6). E explicita: "No amor não há temor. Ao contrário, o perfeito amor lança fora o temor, pois o temor implica castigo, e aquele que teme não é perfeito no amor. Nós amamos, porque ele nos amou primeiro... E este é o mandamento que dele recebemos: quem ama a Deus ama também seu irmão" (*1 João* 4,18-19.21). Jesus, por sua vez, interpela-nos: "Vós sois meus amigos, se fizerdes o que eu vos mando" (*João* 15,14).

Essas palavras contêm todo o *espírito* com que devemos conhecer, amar e praticar os Mandamentos. É para fortalecer nossa vontade que Deus nos concede o *dom* de sua Lei. Ela nos estimula a retribuir seu amor de Pai com nosso amor de filhos e a amar todos como nossos irmãos. Console-nos a palavra do Espírito Santo por boca do salmista: "Muita paz para os que amam tua lei, não há tropeço para eles. Eu aguardava tua salvação, Senhor, pois cumpri teus mandamentos" (*Salmo* 119,165-166).

Confio este modesto trabalho à Santa Mãe de Deus, Mãe do Belo Amor, modelo de ouvinte e praticante amorosa dos preceitos do Senhor.

O Autor

ESCLARECIMENTOS

- Como não poderia ser diversamente, ao redigir este texto, tive sempre presente o *Catecismo da Igreja Católica*, embora aqui não se trate de uma síntese da parte referente aos Mandamentos; cito-o, porém, a respeito de diversos pontos.

- Os textos bíblicos são extraídos da *Tradução Oficial da CNBB*, 1ª edição - 2018. As citações dos livros bíblicos são feitas por extenso, para facilitar a leitura a quem não tem muita prática no uso das abreviações. Quando um texto bíblico vem inserido em alguma citação do *Catecismo da Igreja Católica*, a tradução é de responsabilidade da versão brasileira do Catecismo. O texto foi revisto com cuidado e minuciosamente.

- A linguagem procura ser simples e clara, pois é fundamental ter uma visão mais coerente e completa da própria fé e da vida cristã. A ignorância religiosa, o fato de não saberem justificar a própria fé, é uma das causas para tantas pessoas abandonarem a Igreja.

- O texto é redigido em perguntas e respostas, o que corresponde a um fato humano de primeira ordem, tornando a leitura mais leve e despertando maior interesse.

- O assunto está também assinalado por subtítulos, a fim de identificar melhor a matéria tratada.

- CIC = Catecismo da Igreja Católica.

I

O AMOR DE DEUS POR NÓS

OS MANDAMENTOS,
LUZ DE DEUS PARA NOSSO CAMINHO

Por que existem os Dez Mandamentos? – Os Dez Mandamentos não foram dados por Deus pelo gosto de *mandar*. Se os seres humanos, *criados para o bem*, não tivessem, desde o início, praticado o mal – e ainda hoje o praticam! –, que necessidade haveria de mandamentos? O que se faz por amor não precisa ser mandado. Quando, porém, o amor falha "por dentro" – o que ocorre quando Deus deixa de ser a meta de nossa vida –, o ser humano precisa de ajuda "vinda de fora" para alcançar seu Fim.

Eis a razão pela qual Deus, em sua misericórdia, proporciona-nos essa ajuda por meio dos mandamentos. "O mandamento é uma lâmpada, e a lei, uma luz" (*Provérbios* 6,23). Deus, com sua luz, mostra-nos o Caminho da Vida. Convençamo-nos, pois, que os mandamentos, longe de ser um ato ditatorial, são a mão amorosa que o Pai nos estende para nos guiar pelo caminho do bem.

Que significa ter sido criados para o bem? – Deus, Sumo Bem, não pode querer o mal. Por isso nos criou bons e para o bem. O livro do Gênesis, ao descrever a criação, afirma por seis vezes: "E Deus viu tudo quanto havia feito, e era muito bom" (*Gênesis* 1,31; cf. 1,10,12,18,21,25). Não sem razão, os Salmos dizem que Deus fez o ser humano "pouco menor que os anjos" (*Salmo* 8,6). Criados bons, à imagem e semelhança do Criador (cf. *Gênesis* 1,26.27), ele é em si mesmo nosso Bem último e supremo. Em consequência, também nos quer *fazedores do bem*. Como Jesus que, "por toda a parte, ele andou fazendo o bem" (*Atos dos Apóstolos* 10,38).

A LIBERDADE

Se feitos para o bem, por que, às vezes, optamos pelo mal? – O grande mistério e, ao mesmo tempo, o grande problema do ser humano é a *liberdade*. A liberdade é o maior dom que Deus nos deu.

Por ela, conduzimo-nos a nós mesmos segundo nossas próprias opções, em vez de sermos manipulados como bonecos. Nossa liberdade, porém, é uma liberdade criada, portanto, limitada. Só a de Deus é infinita e perfeita. Sendo perfeita, não pode escolher o mal, ao passo que nossa liberdade pode se enganar e optar por ele.

Mesmo assim, Deus julgou ser mais nobre – para ele e para nós – correr o risco de ver-nos abusando da liberdade, sendo livres, do que o de nunca errarmos, não passando de marionetes. Na liberdade está a grandeza do ser humano: ela nos torna *semelhantes* a Deus.

Afinal, o que é a liberdade? – A liberdade é a capacidade para *escolher o caminho mais adequado* na busca do bem. Portanto não faz parte de sua definição, como vimos, a possibilidade de escolher o mal. A escolha do mal resulta de nossa fraqueza e ignorância, ou então de refinada malícia, o que, nesse caso, cheira a diabólico... Como consequência, quanto mais optarmos pelo mal, *menos* livres seremos; quanto mais optarmos pelo bem, *mais* livres nos tornaremos e mais semelhantes a Deus, o sumamente Livre.

O que ensina a Palavra de Deus sobre o uso da liberdade? – Diz São Paulo: "É para a liberdade que Cristo nos libertou... Fostes chamados para a liberdade. Porém não façais da liberdade um pretexto para servirdes à carne" (*Gálatas* 5,1.13).[1] E São Pedro: "Como pessoas livres, sem usar a liberdade como um pretexto para o mal. Pelo contrário, vivei como servos de Deus" (*1 Pedro* 2,16). Ainda São Paulo: "Onde está o Espírito do Senhor, aí está a liberdade" (*2 Coríntios* 3,17). Portanto, somos verdadeiramente livres à medida que vivemos conforme o Espírito, não conforme a carne. Quanto mais *servos* de Deus, mais *livres!*

---

[1] *Carne* aqui significa o ser humano, limitado e fraco, que jamais pode ser situado no mesmo nível de Deus, menos ainda quando se opõe à vontade do Criador.

De que modo os seres humanos começaram a abusar da liberdade? – Esta é a história do primeiro pecado (cf. *Gênesis* 2-3). Nela ficam claras duas coisas: o pecado foi fruto do abuso da liberdade; por sua vez, o abuso da liberdade resultou da fragilidade, não da malícia humana: a malícia e a astúcia vieram do diabo, que disse a Adão e Eva: "Deus sabe que, no dia em que dele [do fruto da árvore] comerdes, vossos olhos se abrirão, e sereis como Deus" (*Gênesis* 3,5).

Pretender ser como Deus é o avesso do servir a Deus. Ora, *recusar servir* a Deus não é tornar-se livre, é *tornar-se escravo.* Foi por um abuso da liberdade que o mal começou no mundo. O primeiro abuso foi também o primeiro elo de uma cadeia de abusos que jamais cessaram. Na Missa, depois do Pai-Nosso, o celebrante pede a Deus que sejamos "livres do pecado". Ser libertos do pecado significa ser libertos *de usar mal* da liberdade. De fato, a liberdade precisa ser liberta da possibilidade de optar pelo mal.

O pecado então consiste no abuso da liberdade humana? – Sim. A maioria dos pecados, porém, ocorre mais por fraqueza do que por malícia. Se é por fraqueza, a responsabilidade da pessoa varia conforme a consciência mais ou menos clara que ela tem do mal praticado. Quando é por malícia, intervém a decisão consciente de optar pelo mal, e a gravidade é muito maior. Além disso, a gravidade do pecado depende também da maior ou menor gravidade da ação má que a pessoa pratica. De qualquer forma, o pecado – pequeno ou grande – é sempre abuso da liberdade.

Nossa consciência tem alguma obrigação quanto ao uso da liberdade? – Sim. A mais importante é o cuidado para que a consciência seja *bem formada.* A Palavra de Deus, a oração, os mandamentos, os preceitos do Evangelho, os sacramentos da Reconciliação e da Eucaristia, o aconselhamento com pessoas prudentes... são meios para isso. Evitar formar a consciência, para ficar à vontade e fazer tudo quanto passa pela cabeça, é grave erro e ofensa a Deus.

O dom divino da liberdade tem de ser bem cuidado e preservado para que não se corrompa aos poucos. Se não zelarmos para que nossa consciência seja reta, com o tempo, não saberemos mais distinguir entre o bem e o mal, acabaremos perdendo a noção de Deus e vivendo como se Ele não existisse. De fato, o pecado tem sempre como ponto de referência o próprio Deus. Perder a consciência é a pior desgraça que pode acontecer ao ser humano.

Que tem a ver tudo isso com os Dez Mandamentos? – É que, se usássemos sempre bem da liberdade, agindo só por amor, não haveria necessidade de corretivos – de mandamentos – para ela. Os mandamentos são como "muletas" que nos ajudam a caminhar. Ou como "esporas" que nos aguilhoam para que percorramos retamente os caminhos do Evangelho. Os mandamentos são realmente um grande *dom* de Deus para nós, são *luz* para nosso caminho.

Os Mandamentos seriam dispensáveis se usássemos bem a liberdade? – Sim. Haveria, porém, grande presunção de pensar que nós, fracos e pecadores, seríamos capazes de agir sempre e só por amor. Todos nascemos marcados pela fragilidade de nossa liberdade. Ela se enfraqueceu ainda mais por causa do pecado dos inícios do mundo, isto é, do pecado original com que todos nascemos. E mais enfraquecida vai ficando à medida que cometemos novos pecados. Isso faz com que seja impossível agirmos só por amor.

Todavia, mesmo o que não é feito por amor, mas por obediência aos mandamentos, tem valor perante Deus. Ele sabe que não conseguimos agir sempre amorosamente. Aliás, sem sua ajuda – a graça de Deus –, nunca o conseguimos. Na oração da missa do 11º Domingo do Tempo Comum rezamos: "Ó Deus..., como nada podemos em nossa fraqueza, dai-nos sempre o socorro de vossa graça, para que possamos querer e agir conforme vossa vontade, seguindo vossos mandamentos". E no Pai-nosso pedimos: "Seja feita a vossa vontade".

OS MANDAMENTOS E O EVANGELHO

Que diferença existe entre os Dez Mandamentos e o Evangelho? – O Evangelho é a continuação e o aperfeiçoamento dos mandamentos. O próprio Jesus disse: "Não penseis que vim abolir a Lei e os Profetas. Não vim para abolir, mas completar" (*Mateus* 5,17). A Carta aos Hebreus explicita: "Muitas vezes e de muitos modos, Deus falou outrora a nossos pais, pelos profetas. Nestes dias, que são os últimos, falou-nos por meio do Filho" (*Hebreus* 1,1-2). Assim, o Filho de Deus, Jesus de Nazaré, é a perfeição da revelação do Antigo Testamento. Não há como optar pelos mandamentos e rejeitar o Evangelho ou vice-versa. Pelo contrário, no Evangelho encontramos aperfeiçoados todos os mandamentos de Deus.

O Evangelho esclarece melhor esta verdade? – Sim. Aqui conviria ler por inteiro o *Sermão da Montanha* (cf. *Mateus 5-7).* A abertura é solene: Jesus proclama as *Bem-aventuranças.* Elas são o ápice da perfeição evangélica. A perfeição do Novo Testamento é mais exigente que a do Antigo.

Por isso, para se fazer entender adequadamente a respeito de alguns pontos, Jesus diz: "Ouvistes o que foi dito aos antigos: 'Não matarás' [...] 'Não cometerás adultério' [...] 'Quem despedir sua mulher dê-lhe um atestado de divórcio' [...] 'Não jurarás falso' [...] 'Olho por olho, dente por dente' [...] 'Amarás o teu próximo e odiarás o teu inimigo'"... A todos esses mandamentos à "moda do Antigo Testamento" Jesus contrapõe os mandamentos à "moda do Evangelho", com estas palavras: *"Eu, porém, vos digo"*... Dessa forma, ele corrige e aperfeiçoa as limitações dos mandamentos da Antiga Aliança.

Jesus sintetizou de alguma forma os Dez Mandamentos? – Sim. Um fariseu perguntou a Jesus: "Mestre, qual é o maior mandamento da Lei?" "Ele respondeu: 'Amarás o Senhor, teu Deus, com todo o teu coração, com toda a tua alma e com todo o teu entendimento!' Esse é o maior e o primeiro mandamento. Ora, o segundo lhe é semelhante a esse: 'Amarás o teu próximo como a ti mesmo'.

Toda a Lei e os Profetas dependem desses dois mandamentos'" (*Mateus* 22,36-40). Por sua vez, São Paulo ensina que "o amor não faz nenhum mal contra o próximo. Portanto, o amor é o cumprimento perfeito da Lei" (*Romanos* 13,10).

Foi esse o mandamento *antigo*, que Jesus na última ceia chamou de mandamento *novo* e que nos deixou como sua suprema vontade: "Eu vos dou um novo mandamento que vos ameis uns aos outros. Como eu vos amei, assim também vós deveis amar-vos uns aos outros" (*João* 13,34). Esse é o coração da perfeição do Evangelho!

Que conclusão se deve tirar de tudo isso? – Esta: quem quiser buscar a perfeição proposta por Jesus não pode limitar-se ao cumprimento do mínimo dos mínimos. Os fariseus e escribas é que calculavam até onde podiam chegar sem cometer pecado... Jesus advertiu seus discípulos contra esse perigo: "Eu vos digo: se vossa justiça não superar a dos escribas e dos fariseus, não entrareis no Reino dos Céus" (*Mateus* 5,20).

Jesus nos convida ao máximo possível: "Sede perfeitos como vosso Pai celeste é perfeito" (*Mateus* 5,48). Não basta evitar o pecado, não basta ser bom, é preciso esforçar-se para ser sempre melhor. Evidentemente, para isso precisamos da ajuda do Senhor, como ele mesmo afirmou: "Sem mim, nada podeis fazer" (*João* 15,5).

Para aprofundar: *CIC* n. 1691-1845.

OS MANDAMENTOS DA LEI DE DEUS SÃO DEZ

Por que os Mandamentos de Deus são dez? – Os Mandamentos, chamados também de *Decálogo* – o que significa "Dez Palavras" –, exprimem a vontade de Deus para seu povo Israel. Jesus os sintetizou em *dois* que, na realidade, são *um só!* Inclusive, condensou-os neste adágio: "Tudo quanto quereis que os outros vos façam, fazei-o, vós também, a eles. Essa é a Lei e os Profetas" (*Mateus* 7,12).

A Bíblia apresenta duas redações dos Mandamentos: a do Livro do *Êxodo*, mais longa (cf. *Êxodo* 20,2-17) e a do Livro do Deuteronômio, mais breve (cf. *Deuteronômio* 5,6-21). Para fins de catequese e fácil memorização, a Igreja os sintetizou em Dez:

- Amar a Deus sobre todas as coisas;
- Não tomar seu santo nome em vão;
- Guardar domingos e festas de guarda;
- Honrar pai e mãe;
- Não matar;
- Não pecar contra a castidade;
- Não furtar;
- Não levantar falso testemunho;
- Não desejar a mulher do próximo;
- Não cobiçar as coisas alheias.

Como podem ser divididos os Dez Mandamentos? – "O Senhor disse a Moisés: 'Sobe para junto de mim no monte e fica ali. Eu te darei as tábuas de pedra, a Lei e os mandamentos que escrevi para instrução do povo'" (*Êxodo* 24,12). São as famosas *Tábuas da Lei*. Em uma constavam os três primeiros mandamentos, que se referem ao amor a Deus; na outra, os demais sete, referentes ao amor do próximo.

Qual é o sentido dos Dez Mandamentos no Antigo Testamento? – Ao libertar o povo de Israel do Egito, Deus o conduziu ao deserto e ali lhe propôs uma Aliança. O intermediário foi Moisés. Após seu encontro com Deus no alto do monte Sinai, "Moisés veio então transmitir ao povo todas as palavras e as normas do Senhor" (*Êxodo* 24,3). O povo se comprometeu a cumprir os Mandamentos de Deus.

Em seguida, a Aliança foi concluída com a celebração de holocaustos e sacrifícios. Moisés "tomou, depois, o livro da Aliança e o leu em voz alta ao povo, que respondeu: 'Poremos em prática tudo o que o Senhor falou e obedeceremos'. Moisés pegou, então, o sangue, aspergiu com ele o povo e disse: 'Eis o sangue da Aliança que o Senhor fez convosco confirmando todas estas palavras'" (*Êxodo* 24,7-8).

A essência da Aliança era esta: o povo reconheceria Javé como seu único Deus e o adoraria como tal (portanto não reconheceria a existência de outros deuses e não adoraria seus ídolos), e Deus faria de Israel seu povo escolhido, amá-lo-ia com predileção, protegeria, defenderia, caminharia com ele em todo tempo e lugar (cf. *Êxodo* 19-24).

Pode-se separar um mandamento de outro? – Não, pois eles formam um todo. Em seu conjunto exprimem a vontade de Deus, são o único código da Aliança e providenciam o bem total do ser humano. Diz São Tiago: "Quem pretende observar a Lei inteira, mas comete transgressão em um só ponto, torna-se culpado contra toda a Lei" (*Tiago* 2,10). De fato, o mesmo Deus, que mandou um mandamento, mandou também os outros; e o bem do ser humano que os mandamentos promovem *não seria totalmente bem* se faltasse uma parte dele.

Que resulta para nós por parte dos Dez Mandamentos? – "Visto que exprimem os deveres fundamentais do homem para com Deus e para com o próximo, os Dez Mandamentos revelam, em seu conteúdo primordial, obrigações *graves*. São essencialmente imutáveis e sua obrigação vale sempre e em toda parte. Ninguém pode dispensar-se deles. Os Dez Mandamentos estão gravados por Deus no coração do ser humano" (*CIC* n. 2072).

Disso dá testemunho São Paulo escrevendo aos Romanos. "Quando os gentios, embora não tenham a Lei, cumprem o que a Lei prescreve guiados pelo senso natural, esses que não têm a Lei tornam-se Lei para si mesmos. Mostram que a obra da Lei está inscrita em seus corações: sua consciência testemunha juntamente com seus pensamentos que ora acusam ora defendem" (*Romanos* 2,14-16). Dessa forma, nem mesmo os pagãos podem desculpar-se totalmente pelo mal que cometem, pois a consciência deles os adverte de muitas coisas más que praticam.

Para aprofundar: *CIC* n. 2052-2082.

II

O AMOR A DEUS, NOSSO PAI

PRIMEIRO MANDAMENTO: **AMAR A DEUS SOBRE TODAS AS COISAS**

Qual é o sentido fundamental do primeiro mandamento? – As palavras: "Escuta, Israel! O Senhor é nosso Deus, o Senhor é um [único Deus]" (*Deuteronômio* 6,4) e estas outras: "Eu sou o Senhor, teu Deus" (*Êxodo* 20,2) são a base e o fundamento da Aliança entre Javé e o povo de Israel. Portanto o primeiro mandamento quer inculcar, antes e acima de tudo, a existência de um único Deus (Israel vivia rodeado de pagãos que acreditavam em muitos deuses). Essas palavras, ainda hoje, são o fundamento da fé dos seguidores de Moisés e dos seguidores de Cristo, conforme nossa profissão de fé: "Creio em *um só* Deus". Não existem outros deuses.

Se Deus é o único Senhor, como devemos portar-nos com ele? – Nós, suas criaturas, seus filhos, devemos comportar-nos com ele, por palavras e atitudes, de forma a reconhecê-lo *de fato* como *nosso Deus e único Deus.* Cabe-nos, portanto, antes e acima de tudo, amá-lo e adorá-lo: "Amarás o Senhor, teu Deus, de todo o teu coração, de toda a tua alma e com toda a tua força" (*Deuteronômio* 6,4-5). Jesus retomará ao pé da letra estas palavras (cf. *Mateus* 22,37; *Marcos* 12,29-30; *Lucas* 10,27-28). Portanto, amar a Deus sobre todas as coisas é nosso primeiro e mais importante gesto de amor para com quem nos criou e é nosso Pai.

Como realizar na vida esse relacionamento amoroso com o Deus único? – O mandamento: "Amarás o Senhor, teu Deus, com todo o teu coração, com toda a tua alma e com todo o teu entendimento" (*Mateus* 22,37), concretamente, pode ser reduzido a isto: crer em Deus (fé), esperar em Deus (esperança), amar a Deus (caridade). Essas são as *três virtudes teologais,* assim chamadas porque nos colocam em contato espiritual imediato com o próprio Deus. São três *dons* que ele infunde em nosso coração no momento do Batismo. Viver com fé, esperança e caridade é a maneira concreta de nos relacionar com nosso Deus e cumprir o primeiro mandamento.

O que significa viver com fé? – A fé consiste em *entregar-se a Deus* com total confiança e procurar viver de acordo com sua Palavra, revelada por ele nos dois Testamentos e que a Igreja continua a transmitir. Vê-se, pois, que a fé não brota espontaneamente de dentro do ser humano, ela nos é dada por Deus no momento do Batismo e se alimenta pela atenção constante à Palavra de Deus. É assim também que, no caso de pessoas adultas não batizadas, a fé começa a germinar no coração ao ouvirem a pregação da Palavra de Deus, como ensina São Paulo: "A fé vem pelo ouvir; e o ouvir, pela palavra de Cristo" (*Romanos* 10,17). A fé é bem mais do que só crença intelectual, a fé é vida!

O que significa viver com esperança? – A esperança nos faz aguardar com confiança os bens que Deus em seu amor nos prometeu, em particular, a felicidade eterna. Não ter esperança significa desconfiar de Deus, que poderia mentir e nos enganar.

O que significa viver com caridade? – Ao amor de Deus por nós devemos responder com sincero amor, que supere todo o amor a qualquer criatura, sem outros interesses de nossa parte. Afinal ele é nosso Deus e Pai. Se amar a Deus sobre todas as coisas é o maior mandamento, *não o amar* sobre todas as coisas é o *maior pecado.*

A RELIGIÃO

Como relacionar-nos com Deus enquanto nosso único Senhor? – A justiça manda que o tratemos tal como ele merece. O tratamento dado a Deus é expresso pela virtude da *religião.* Ela se manifesta de diversas maneiras:

- pela *adoração,* que consiste em reconhecer a Deus como nosso Criador, Pai e Salvador, Senhor de tudo o que existe, Amor infinito e misericordioso;
- pela *oração,* que exprime a Deus, por pensamentos, afetos, palavras e atos, nosso louvor, nossa ação de graças, nossos pedidos de ajuda e nosso arrependimento pelos pecados;

- pelo *sacrifício,* que se assemelha à oração e pode assumir formas diversas, com o fim de expressar a Deus nosso louvor, nossa submissão, nossa humildade, nosso pedido de perdão. O sacrifício perfeito foi o do amor de Cristo na cruz; nossos sacrifícios se unem ao dele para adorar ao Pai;
- finalmente, pelas *promessas e pelos votos,* que são formas diversificadas de nos comprometermos com Deus a realizar esta ou aquela obra de bem.

A virtude da religião tem também dimensões públicas? – Sim, pois pertencemos a Deus não só enquanto pessoas, mas igualmente enquanto comunidades. Também a comunidade precisa adorar a Deus e prestar-lhe culto. Daqui resulta que todo o cristão tem o dever de ser missionário, isto é, de anunciar Deus, Cristo e sua Igreja a todas as pessoas, conforme o mandato de Jesus.

Evidentemente, não se pode impor nada à consciência de ninguém, mas isso não significa calar-se com medo de cumprir o mandato de Cristo. Por sua vez, no trabalho missionário, é preciso sempre *respeitar a liberdade de consciência* das pessoas. Respeitar a liberdade de consciência em matéria religiosa é também dever dos governos, que não podem oprimir ou discriminar ninguém por motivos religiosos.[2]

Que relação há entre liberdade de consciência e a própria consciência? – A liberdade religiosa quanto a própria religião não podem absolutamente significar desinteresse total pelo assunto religioso, pela existência ou não de Deus, particularmente, se isso ocorresse para se sentir mais à vontade, a fim de fazer de tudo sem problemas de consciência.

Liberdade de consciência não tem nada a ver com *libertinagem.* Respeitar a liberdade de consciência significa respeitar as pessoas que pensam ou agem diversamente por *convicção de boa-fé,* sem malícia, sem segundas intenções, porque, como ensina São Paulo: "Todo o ato,

[2] Cf. Concílio Vaticano II, Declaração *Dignitatis Humanae,* isto é, a liberdade de consciência.

que não procede da fé [da convicção de consciência], é pecado" (*Romanos* 14,23). Todavia todos têm a obrigação grave de *formar bem a própria consciência,* informando-se seriamente sobre a verdade de Deus, de Cristo e de sua Igreja, na medida em que disso tiverem conhecimento.

Se Deus é nosso único Senhor, que consequências resultam para nós? – Que não existem outros deuses![3] Portanto não se deve prestar adoração a mais ninguém, a não ser ao Senhor, como ele mesmo ordenou: "Não terás outros deuses, diante de mim" (*Êxodo* 20,3; cf. *Deuteronômio* 5,7). Israel vivia cercado de povos pagãos que adoravam numerosos deuses. A tentação de adorá-los era constante: este foi um dos pecados mais cometidos por ele.

Infelizmente, não só muitos membros do povo escolhido praticaram a idolatria, como hoje também há muitos que a praticam. A única diferença é que os falsos deuses e seus ídolos, hoje, têm outros nomes: orgulho, egoísmo, sexo, dinheiro, ambição, poder...

OFENSAS AO ÚNICO DEUS

De que forma a idolatria pode ocorrer? – "Idolatria" é palavra de sentido amplo que abrange várias formas de violação da virtude da religião. É sempre pecado e, portanto, ofensa a Deus. A idolatria ocorre de diversas maneiras:

- pela *idolatria em sentido estrito,* que consiste em divinizar o que não é Deus, negar o senhorio exclusivo de Deus sobre tudo o que existe e, por consequência, prestar culto a alguma criatura fabricada pelo ser humano ou já existente, e também em dar importância absoluta a certas coisas ou atitudes, como o poder, o dinheiro, a raça, o Estado;
- pela *superstição,* que é o desvio do sentimento religioso e das práticas com que ele se exprime; por exemplo, atribuir forças mágicas a certos ritos e certas orações, por crer que dispõem de eficácia independentemente das disposições interiores;

[3] Admitir a existência de mais de um Deus é o que se chama *politeísmo.*

- pela *adivinhação* e pela *magia* ou *feitiçaria:* a adivinhação consiste em recorrer ao diabo, aos mortos ou a outras criaturas a fim de descobrir o futuro; a magia ou feitiçaria pretende dominar os poderes sobrenaturais para colocá-los ao próprio serviço e conseguir objetivos divinos. Essas práticas revelam falta de confiança em Deus, que disse a seu povo Israel: "Não haja, no meio de ti... quem consulte adivinhos, ou observe sonhos ou premonições, nem quem use feitiçaria; nem quem recorra à magia, consulte oráculos, interrogue espíritos ou consulte os mortos. Pois o Senhor abomina quem pratica essas coisas" (*Deuteronômio* 18,10-12). Essas palavras são também a condenação para certas práticas do *espiritismo.*

Há ainda outras formas de idolatria? – Sim. A idolatria ainda se manifesta:

- pela *irreligião,* que é a falta total de respeito para com Deus, pondo-o à prova a fim de conferir seu poder ou sua bondade ou qualquer um de seus atributos: "Não tentareis o Senhor, vosso Deus (*Deuteronômio* 6,16);
- pelo *sacrilégio,* que consiste em profanar ou tratar indignamente tudo o que se refere ao culto de Deus, sejam pessoas, coisas ou lugares consagrados, sejam ações litúrgicas, sobretudo sacramentos;
- pela *simonia,* que visa vender ou comprar coisas, ações sagradas ou realidades espirituais;[4]
- pelo *ateísmo,* que é a atitude de quem nega a Deus ou vive como se ele não existisse e valoriza unicamente as coisas materiais fazendo do ser humano fim em si mesmo;
- pelo *agnosticismo,* que afirma a impossibilidade de provar a existência de Deus ou pensar que, mesmo se ele existir, não pode se revelar a nós e nós nada podemos dizer sobre ele.[5]

---

[4] É muito significativo o episódio de Simão "Mago", relatado pelos *Atos dos Apóstolos* 8,9-24. Sua proposta de comprar os poderes sagrados de São Pedro é que deu origem ao termo *simonia.*

[5] Sobre a existência de Deus (negada pelo *ateísmo*) e sobre a possibilidade de saber que Deus existe (negada pelo *agnosticismo*) convém ler *Sabedoria* 13,1-5; *Atos dos Apóstolos* 14,15-18; *Romanos* 1,19-21.

AS IMAGENS

Falando em ídolos, como fica a questão das imagens? – Deus disse ao povo escolhido: "Não vos entregueis à corrupção, fazendo qualquer estátua de alguma figura, qualquer ídolo com forma masculina ou feminina, forma de animal vivendo sobre a terra ou forma de ave voando no céu... E, ao levantar os olhos para o céu, para olhar o sol, a lua, as estrelas e todo o exército do céu, não te deixes seduzir, adorando-os e prestando-lhes culto" (*Deuteronômio* 4,16-19).

Como já observamos, Israel vivia rodeado de pagãos adoradores de ídolos; Deus procura evitar que ele caia na mesma tentação. Não se trata propriamente de proibir fazer imagens em si, mas de fazer imagens com a finalidade de *adorá-las enquanto ídolos.*

O mesmo Deus não mandou fazer algumas imagens? – Por incrível que pareça, sim! Por exemplo: a serpente de bronze, a Arca da Aliança, os querubins que estavam sobre ela... O próprio Jesus aludiu à serpente de bronze: ao contrário de condená-la, tornou-a símbolo de sua própria elevação sobre a cruz: "Como Moisés elevou a serpente no deserto, assim também é necessário que o Filho do Homem seja elevado, a fim de que todo o que nele crer tenha a vida eterna" (*João* 3,14).[6]

A Igreja sempre aprovou que se fizessem imagens, *jamais, porém, a fim de serem adoradas. Venerá-las* não é nenhum erro ou pecado. As imagens são como símbolos ou "fotografias" que nos ajudam a trazer à memória esta ou aquela pessoa santa que queremos lembrar ou a quem queremos recorrer. Pecado seria *adorá-las em sentido estrito,* atitude que só a Deus é devida.

Para aprofundar: *CIC* n. 2083-2141.

---

[6] Leia as ordens de Deus para fazer imagens e representações em Êxodo 25,10-22; *Números* 21,4-9; *1 Reis* 6,23-28; 7,23-26; *Sabedoria* 16,5-14.

SEGUNDO MANDAMENTO:
NÃO TOMAR SEU SANTO NOME EM VÃO

Qual é o sentido do segundo mandamento? – A Bíblia usa com frequência a palavra *nome* para designar o próprio Deus. Confiar o próprio nome a uma pessoa é sinal de amizade e intimidade, como Deus fez com Moisés (cf. *Êxodo* 3,13-14). Assim, entre a multiplicidade das verdades reveladas por Deus a seu povo, encontramos de modo específico a revelação de seu próprio nome. Mas Ele exigiu que seu nome fosse respeitado: "Não tomarás o nome do Senhor, teu Deus, em vão" (*Êxodo* 20,7).

Assim, o nome de nosso Deus merece todo respeito. Respeitar o nome de Deus exige que tenhamos cuidado com nossas palavras quando nos referimos a ele. Esse segundo mandamento, como o primeiro, refere-se à *virtude da religião:* orienta-nos a não profanarmos com palavras as coisas santas, a começar pelo próprio Deus.

O amor e o respeito pelo nome do Senhor exigem algo mais? – Sim. Exigem sobretudo que as promessas sejam cumpridas, as blasfêmias e pragas evitadas. Vejamos:

- as *promessas* feitas em nome de Deus devem ser cumpridas com sinceridade. Não as cumprir é o mesmo que pretender que Deus participe de nossa infidelidade: "É uma armadilha consagrar levianamente alguma coisa e, depois, arrepender-se da promessa" (*Provérbios* 20,25);
- a *blasfêmia* consiste em proferir contra Deus, em pensamento ou com a boca, palavras de ódio, de ofensa, de desafio, ou em falar mal de Deus, zombar do Nome do Senhor. O mesmo vale para Jesus, a Igreja, os santos, as coisas sagradas. "É também blasfemo recorrer ao nome de Deus para encobrir práticas criminosas, reduzir povos à servidão, torturar ou matar. O abuso do nome de Deus para cometer um crime provoca a rejeição da religião. A blasfêmia... é em si um pecado grave" (*CIC* n. 2148);
- as *pragas* também são falta de respeito a Deus, pois por elas invoca-se o nome de Deus para desejar mal aos outros.

Há outras atitudes que o amor e o respeito nos levam a evitar? – O amor e o respeito pelo nome do Senhor devem levar-nos a evitar o *juramento falso:* consiste em invocar a Deus como testemunha de nossa mentira. Só se pode invocar Deus como testemunha quando se trata de jurar a verdade. Mesmo assim, não se deve jurar por qualquer motivo fútil, como é muito comum.

E o que é o perjúrio? – O perjúrio consiste em jurar por Deus com a intenção de *não* manter o juramento ou de violar a promessa feita sob juramento. Pior ainda quando alguém faz um juramento para cumprir uma obra má. Jurar falso é grave ofensa a Deus. Eis o que nos ensinou Jesus: "Ouvistes também que foi dito aos antigos: 'Não jurarás falso', mas 'cumprirás os teus juramentos feitos ao Senhor'. Eu, porém, digo-vos: não jureis de modo algum... Seja o vosso sim, sim, e o vosso, não, não. O que passa disso vem do maligno" (*Mateus* 5,33-34.37).

É possível jurar sem ofender a Deus? – Sim, por motivos graves e com sinceridade, ponderando com responsabilidade caso por caso. De fato, há casos em que o juramento não deve ser feito: veja *CIC* n. 2155.

Terá Deus algo a ver com nosso nome? – Isaías diz: "Desde o seio materno, o Senhor me chamou, desde o ventre de minha mãe, pronunciou meu nome" (*Isaías* 49,1). E ainda: "Não tenhas medo, pois eu te resgatei, chamei-te por teu, tu és meu!" (*Isaías* 43,1). Se Deus "conta a multidão das estrelas e chama cada uma pelo nome" (*Salmo* 147,4), imaginemos se ele não sabe nosso nome!

Nosso nome nos foi dado no batismo que, por sua vez, nos foi administrado "em *nome* do Pai e do Filho e do Espírito Santo". E, todos os dias, o cristão começa a jornada "em *nome* do Pai e do Filho e do Espírito Santo". Jesus nos diz: "Alegrai-vos porque vossos nomes estão inscritos nos céus" (*Lucas* 10,20).

Para aprofundar: *CIC* n. 2142-2167.

TERCEIRO MANDAMENTO:
GUARDAR DOMINGOS E FESTAS DE GUARDA

Qual é o sentido do terceiro mandamento? – Faz parte da virtude da religião respeitar o *Dia do Senhor,* pois também o tempo pertence a Deus. No Antigo Testamento, o dia dedicado a Deus era o *sábado.* "Lembra-te do dia do sábado, para santificá-lo. Durante seis dias trabalharás e farás toda a tua obra, mas o sétimo dia é sábado em honra do Senhor, teu Deus. Não farás obra alguma" (*Êxodo* 20,8-10). Portanto o terceiro mandamento nos pede para dedicar o dia santo ao Senhor e descansar dos trabalhos: o dia santo é para Deus, o descanso é para o ser humano.

O que lembrava o sábado ao povo de Israel? – Particularmente três acontecimentos fundamentais:

- a *criação do mundo:* "Em seis dias o Senhor fez o céu e a terra, o mar e tudo o que eles contêm, e no sétimo dia repousou. Por isso o Senhor abençoou o dia do sábado e o santificou" (*Êxodo* 20,11);
- a *libertação da escravidão* do Egito: "Lembra-te de que foste escravo na terra do Egito, e que o Senhor, teu Deus, com mão forte e braço estendido, fez-te sair dali. Por isso, o Senhor, seu Deus, ordenou-te guardar o dia de sábado (*Deuteronômio* 5,15);
- a *Aliança:* "Os israelitas guardarão o sábado, observando-o, ao longo de suas gerações, como Aliança perene" (*Êxodo* 31,16).

E quanto ao trabalho? – O sábado se destina também ao descanso dos trabalhos. Essa pausa nos trabalhos "será um sinal perene entre mim e os israelitas. Com efeito, em seis dias o Senhor fez o céu e a terra, e no sétimo dia repousou para tomar alento" (*Êxodo* 31,17). Assim, o agir de Deus é modelo do agir humano. "Também o homem deve 'folgar' e deixar que os outros, sobretudo os pobres, 'retomem fôlego' (cf. *Êxodo* 23,12). O sábado faz cessar os trabalhos cotidianos e concede uma pausa. É um dia de protesto contra as escravidões do trabalho e o culto do dinheiro" (*CIC* n. 2172).

Qual foi o comportamento de Jesus quanto ao sábado? – Jesus, diversas vezes, foi *acusado* de violar a lei do sábado, mas ele, na verdade, *nunca o profanou*. Com pena dos sofredores, curou doentes, isso sim, ou atendeu as necessidades urgentes das pessoas. "Num dia de sábado, Jesus passou pelas plantações de trigo. Seus discípulos estavam com fome e começaram a arrancar espigas para comer. Vendo isso, os fariseus disseram-lhe: 'Olha, teus discípulos fazem o que não é permitido fazer no sábado!' Ele respondeu: 'Se compreendêsseis o que significa: Misericórdia eu quero, não sacrifícios, não condenaríeis os inocentes. Com efeito, o Filho do Homem é senhor do sábado'" (*Mateus* 12,1-3.7).

O DOMINGO

Por que nós dedicamos ao Senhor o domingo? – Jesus ressuscitou no primeiro dia da semana, isto é, no dia seguinte ao sábado. *Este* dia, enquanto *primeiro dia* da semana, recorda o *início* da criação do mundo. Mas o domingo pode ser considerado também como *oitavo* dia da semana e, nesse caso, lembra-nos a *nova criação* inaugurada pela *ressurreição* de Jesus. Por causa disso, o dia seguinte ao sábado passou a ser, na praxe eclesial, *o primeiro dia*, o *Dia do Senhor*. A Igreja sempre entendeu que o domingo, dia em que Cristo ressuscitou, *confere sentido pleno ao sábado judaico* e anuncia o repouso eterno do homem em Deus.

Como era a celebração do domingo no início do Cristianismo? – É dos tempos apostólicos a praxe de os fiéis se reunirem para ouvir a Palavra de Deus e celebrar a Eucaristia. "Eles eram perseverantes no ensinamento dos apóstolos, na comunhão fraterna, na fração do pão [Eucaristia] e nas orações [...] Perseverantes e bem unidos, frequentavam diariamente o templo, partiam o pão [Eucaristia] pelas casas e tomavam a refeição com alegria e simplicidade de coração. [Louvavam] a Deus e eram estimados por todo o povo" (*Atos dos Apóstolos* 2,43.46-47).[7]

---

[7] São Paulo, mais tarde, chamará a atenção dos fiéis de Corinto por abusos que se tinham introduzido naquela comunidade por ocasião da celebração

São famosos também os testemunhos que datam do primeiro século sobre a celebração do Dia do Senhor. À imitação da comunidade de Jerusalém, da qual falam os Atos dos Apóstolos, os cristãos se reuniam nesse dia para ouvir a Palavra de Deus, celebrar a Eucaristia, fomentar a comunhão fraterna e cuidar dos pobres.[8]

A Igreja deu alguma norma quanto ao domingo? – Respeitar o domingo como Dia do Senhor e reservá-lo para prestar culto a Deus, este é o grande ato de amor a Deus pedido pelo terceiro mandamento. Por isso a Igreja determina: "O domingo, dia em que por tradição apostólica se celebra o Mistério Pascal, deve ser guardado em toda a Igreja como dia de festa de preceito por excelência" (*Código de Direito Canônico,* cânon 1246,1). É esse um dos *Mandamentos da Igreja,* e ela, com essa norma, entende ligar *gravemente* a consciência dos fiéis.

A Igreja estabeleceu também outros dias especiais de culto ao Senhor? – Há séculos, a Igreja fixou também outros dias que devem ser respeitados como *dias santos,* da mesma forma que o domingo. Todos eles celebram mistérios da vida de Cristo ou de Nossa Senhora ou mesmo a festa de algum santo.

Todavia, conforme a diversidade das situações do mundo, o episcopado local, com o consentimento da Sé Apostólica, pode fundir algumas dessas celebrações com um domingo próximo, ou mesmo não celebrar algum santo. No Brasil, por exemplo, os dias santos ao longo da semana são somente quatro: *Natal, Corpus Christi, Santa Mãe de Deus (1º de janeiro) e Imaculada Conceição (8 de dezembro);* os demais dias santos que havia passaram a ser celebrados no domingo seguinte à data que lhes era própria.[9]

---

da Eucaristia. Veja 1 *Coríntios* 17-27.

[8] Dispomos de testemunhos famosos a esse respeito, como a *Didaqué* ou *Doutrina dos Doze Apóstolos,* os escritos de *São Justino Mártir, Clemente Romano, Irineu de Lião* e outros. Aliás, o esquema básico da celebração eucarística tal como temos hoje data daquele tempo.

[9] Ao contrário do que muitas pessoas pensam, a Sexta-feira Santa, Nossa-Senhora Aparecida (12 de outubro) e o Dia de finados (2 de novembro) *não* são dias santos. São dias, porém, que merecem particular respeito, de modo

Qual é a melhor forma de prestar culto a Deus nos domingos e dias santos? – É a *Eucaristia* a melhor forma de culto a Deus em qualquer tempo, mais ainda quando celebrada com a comunidade cristã reunida no Dia do Senhor ou em algum dia santo. Não há ato de culto mais sublime do que a Eucaristia: ela torna presente no tempo e no espaço o único sacrifício de Jesus na cruz, sua morte e ressurreição, sacrifício que salvou o mundo. Nada pode adorar e louvar mais a Deus, agradecer-lhe os imensos benefícios, implorar o perdão dos pecados e pedir a ajuda da qual necessitamos do que a Eucaristia ou Santa Missa. Ela é o coração do domingo.[10]

Participar da comunidade cristã no Dia do Senhor é importante? – Tem grande importância. Aliás, a Eucaristia é por si mesma uma celebração de cunho comunitário. É esse o sentido da *comunhão eucarística:* comunga-se o Corpo e o Sangue de Jesus a fim de ter forças para, ao longo da semana, *comungar na caridade* com todos os irmãos e todas as irmãs que, no Dia do Senhor, se reúnem em torno do próprio Jesus. Participar da Missa em comunidade significa que temos consciência de pertencer a Cristo e de querermos ser fiéis a ele e a sua Igreja.

E onde não é possível ter celebração eucarística? – Havendo falta de ministro sagrado para a Eucaristia dominical, a Igreja recomenda que participemos da Liturgia da Palavra (culto) na própria comunidade, de acordo com as orientações do bispo diocesano. Não havendo culto, cada um, sozinho, em família ou em grupos de famílias, dedique-se à leitura e meditação da Palavra de Deus e à oração. Todavia, podendo participar da Eucaristia, mesmo tendo de se locomover com algum sacrifício, sempre deve prevalecer a participação na Eucaristia dominical.

---

especial a Sexta-feira Santa. Evidentemente, é muito louvável participar das celebrações litúrgicas próprias dessas datas.

[10] Vale a pena ler a belíssima Carta Apostólica *Dies Domini,* de 31 de maio de 1998, de São João Paulo II, sobre o Domingo.

O DESCANSO DOMINICAL

Como entender a suspensão do trabalho aos domingos? – "A vida humana é ritmada pelo trabalho e pelo repouso. A instituição do Dia do Senhor contribui para que todos desfrutem do tempo de repouso e de lazer suficiente que lhes permita cultivar sua vida familiar, cultural, social e religiosa" (*CIC* n. 2181). Isso supõe evitar os trabalhos ou as atividades que impedem fazer do domingo um dia de culto, dia de alegria, de prática do bem (obras de misericórdia) e de descanso para o corpo e espírito.

Há exceções: necessidades familiares ou uma grande utilidade social são motivos legítimos para dispensa do preceito do repouso dominical, mas com o cuidado para que isso não se transforme em hábito injustificado, com prejuízo para a religião, a família e, às vezes, até para a saúde.

Além do descanso, de que forma preencher o domingo? – A pobreza e a miséria, muitas vezes, não permitem descanso ou lazer, embora todos tenham as mesmas necessidades e os mesmos direitos. As obras de misericórdia para com os mais necessitados, o cuidado dos doentes, idosos e das crianças... são ótimas ocasiões para a piedade cristã se exercitar aos domingos. Também a família e os parentes merecem atenção nesse dia.

O domingo é igualmente tempo de reflexão, silêncio, cultura, oração, enfim, de tudo o que ajuda a crescer na vida interior. Afinal, mais do que tudo, somos filhos de Deus.

E os trabalhos indispensáveis para a sociedade? – Aos domingos e dias santos, evite-se impor trabalhos a outros. Se as necessidades sociais o exigirem, será preciso encontrar modos de proporcionar tempo para o lazer em outros momentos. É obrigação dos poderes públicos respeitar a consciência dos fiéis e dar-lhes oportunidades de repouso dominical e de prática religiosa no Dia do Senhor. Idêntica obrigação têm os patrões para com seus empregados.

Se algum cristão ficar totalmente impedido de celebrar o Dia do Senhor, procure, de alguma maneira, elevar seu coração a Deus, em união com todos os que nesse dia participam da Eucaristia, adoram e louvam ao Senhor. O domingo exige também que se evite a falta de moderação nas diversões e as violências causadas por elas.

Para aprofundar: *CIC* n. 2168-2195.

III

NOSSO AMOR AOS IRMÃOS

QUARTO MANDAMENTO: **HONRAR PAI E MÃE**

Qual é o sentido do quarto mandamento? – Quem é mais próximo de nós e quem entre as pessoas próximas de nós merece mais amor que nossos pais? Esse é o sentido do quarto mandamento. De fato, na terra, as pessoas que personificam mais de perto e de forma mais intensa o amor do Pai celestial por nós são nossos pais. Eis, pois, o mandamento de Deus: "Honra teu pai e tua mãe para que se prolonguem teus dias na terra que o Senhor teu Deus te dá" (*Êxodo* 20,12).

Jesus deu exemplo do cumprimento desse mandamento: aos 12 anos, depois de ser encontrado por Maria e José no templo de Jerusalém, onde permanecera conversando com os doutores da Lei, "desceu com seus pais para Nazaré e era-lhes submisso" (*Lucas* 2,51). São Paulo lembra o dever dos filhos para com os pais: "Filhos, obedecei a vossos pais, pois isto é justo" (*Efésios* 6,1).

Isso é válido ainda hoje? – Sem dúvida. Uma família em que os pais são amados e respeitados pelos filhos vive em harmonia, é o fundamento para o bem-estar geral e mesmo para a prosperidade. Ao passo que uma família em que os pais são desprezados, ali só nascem sofrimento, dor, desentendimento e ausência de qualquer bênção.

Por isso, se os filhos devem respeitar e amar seus pais, é preciso também que os pais se tornem dignos do amor e do respeito dos filhos. A ausência desse entendimento mútuo é um dos dramas atuais: muita juventude se perde por falta de clima familiar; muitos pais sofrem por falta de respeito filial. Daí a importância da família, o que também está ligado ao quarto mandamento.[11]

[11] Aqui não abordamos a questão da *família segundo o plano de Deus*. Seria, porém, muito útil conhecer o que o *CIC* n. 2201-2213 diz sobre assunto tão fundamental.

Por que o pai e a mãe merecem tanto respeito? – Deus tornou nossos pais criadores do mundo junto com ele, são os parceiros de Deus na multiplicação da família humana, são a pedra fundamental dos lares. Ali se cria, aos poucos, a comunhão familiar, célula da sociedade e da Igreja, que exprime em forma humana o mistério da comunhão trinitária.

Assim, entre os seres humanos, nada há de mais sagrado e que mereça maior veneração do que nossos pais. Além disso, ao nascermos, são seus braços que nos acolhem e estreitam ao peito, são seus beijos que nos enternecem, seus carinhos que nos acalmam... Todas essas atitudes amorosas dos pais são a expressão visível e sensível do amor do Pai celeste para conosco.

OS FILHOS

O que diz a Bíblia àqueles que não respeitam os pais? – A Bíblia é severa com quem desrespeita os pais: "Quem injuriar seu pai ou sua mãe será morto" (*Êxodo* 21,17). Ainda: "Maldito, quem desonrar seu pai ou sua mãe!" (*Deuteronômio* 27,16). Aqui, um texto que merece ser lido e meditado é *Eclesiástico/Sirácida 3,1-18:* por ele nos damos conta de quanto Deus honra os pais e de quanto as bênçãos de Deus sobre os filhos dependem do amor e do respeito a seus pais.

O texto se encerra com palavras muito fortes: "Como é infame quem desampara seu pai, e é amaldiçoado por Deus quem exaspera sua mãe!" (*Eclesiástico/Sirácida* 3,18). Afinal, Deus, que é fonte de vida, serviu-se de nossos pais para nos comunicar a vida. Como não honrar nossos pais, colaboradores de Deus, sem os quais, não existiríamos?

O quarto mandamento é só para os filhos? – Não. Ele abrange todas as relações de parentesco com os membros do grupo familiar, vivos e defuntos. Esse mandamento também "manda prestar honra,

fim, aos deveres dos alunos para com seus professores, dos empregados para com seus patrões, dos subordinados para com seus chefes, dos cidadãos para com sua pátria e para com os que a administram ou governam. Esse mandamento implica e subentende os deveres dos pais, tutores, professores, chefes, magistrados, governantes, de todos os que exercem uma autoridade sobre outros ou sobre uma comunidade (*CIC* n. 2199).

Quais são os deveres dos filhos? – São Paulo diz: "Dobro os joelhos diante do Pai, de quem recebe o nome toda a paternidade no céu e na terra" (*Efésios* 3,14-15). Portanto os pais recebem sua paternidade da paternidade do Pai celeste: eis a razão do grande respeito que Deus pede para se ter com os pais.

Assim, em primeiro lugar, devemos manifestar *reconhecimento* para com quem nos deu a vida, ama-nos, trabalhou por nós, educou-nos, encaminhou-nos para a vida, gastou sua própria vida em nosso favor... às vezes, sem receber contrapartida e gratidão. "De todo o coração honra teu pai e não te esqueças dos gemidos de tua mãe. Lembra-te de que, se não fosse por eles, não terias nascido. Como lhes retribuirás o que eles fizeram por ti?" (*Eclesiástico/Sirácida* 7,29-30). "Escuta teu pai, que te gerou, e não desprezes tua mãe envelhecida" (*Provérbios* 23,22).

Qual outra forma de respeito por quem nos deu a vida? – Aos pais devemos *docilidade e obediência:* "Meu filho, guarda os preceitos de teu pai e não rejeites a instrução de tua mãe. Leva-os [esses preceitos] sempre atados a teu coração e pendurados a teu pescoço. Quando caminhares, te guiarão; quando dormires, te guardarão e, quando acordares, falarão contigo" (*Provérbios* 6,20-22). "Filho sábio é fruto da correção; o insolente não escuta quando é advertido" (*Provérbios* 13,1). Quanto seria necessário inculcar esses conceitos em muitos filhos, hoje! "Filhos, obedecei em tudo a vossos pais, pois isto agrada ao Senhor" (*Colossenses* 3,20).

Filhos pequenos e filhos adultos, como comportar-se com os pais? – Embora haja diferença entre o modo de relacionar-se com os pais por parte dos filhos menores e daqueles que já são maiores, o amor e o respeito jamais podem faltar. Pelo contrário, os filhos maiores não se esqueçam de que, sobretudo na velhice, é hora de devolver aos pais os cuidados amorosos que deles receberam quando eram pequenos. O respeito pelos pais se prolonga também nos educadores que, em nome dos pais, trabalham pela boa formação de seus filhos.

Os filhos adultos têm responsabilidades especiais com os pais? – Sem dúvida. Particularmente devem ajudar os pais na velhice, na doença, na solidão, nos momentos de angústia e de outras dificuldades. O texto anteriormente citado de *Eclesiástico/Sirácida 3,1-18* retorna aqui com uma série de recomendações para os filhos com relação a seus pais. Abandonar os pais idosos e doentes a si mesmos é um crime que brada aos céus, é o mesmo que voltar as costas àquele Deus, que se serviu de nossos pais para nos comunicar a vida.

Que mais se inclui na observância do quarto mandamento? – O cultivo das *relações entre irmãos:* se forem relações de respeito e amor, fazem do ambiente de família um lugar sereno e de felicidade, alegria para os pais. "Os netos são a coroa dos anciãos, como os pais são a glória dos filhos" (*Provérbios* 17,6). No caso dos cristãos, é preciso ter semelhante respeito e amor também para com o padre, o bispo, o Papa, os catequistas, os professores, enfim, para com todos aqueles que nos ajudam a crescer e a nos tornar alguém na vida humana e cristã.

OS PAIS

Os pais também têm deveres para com os filhos? – Muitos. Ser pai e mãe não é só questão de gerar os filhos. Sua missão continua a vida toda, particularmente no tempo da educação e formação deles, tanto no campo humano, quanto no campo espiritual. Se, de um lado, os pais têm essas graves obrigações para com os filhos, por outro, o direito e o papel de educadores e formadores dos filhos são algo fundamental e inalienável da parte deles, o que deve gerar consequências práticas na vida.

Como os pais devem considerar, tratar e educar os filhos? – Os filhos devem ser considerados pelos pais como *filhos de Deus* e devem ser tratados como *pessoas humanas.* Portanto é preciso educá-los integralmente, isto é, ajudá-los a se tornarem seres humanos autênticos e úteis aos outros, respeitosos de todos, enfim, dotados o mais possível das qualidades de um cidadão consciente.

Enquanto filhos de Deus, precisam ser ajudados a compreender os fundamentos da religião, a observar a Lei de Deus e a cumprir seus compromissos religiosos. É, pois, dever dos pais providenciar para os filhos o atendimento de todas as suas necessidades físicas, materiais e espirituais, a fim de que se tornem realmente pessoas humanas e filhos de Deus.

Qual a responsabilidade dos pais com relação ao lar? – Para educar convenientemente os filhos, os pais devem fazer de sua casa um *verdadeiro lar,* impregnado de amor, ternura, perdão, respeito, fidelidade, serviço desinteressado. É ali que deverão exercitar os filhos na *educação das virtudes.*

Essa formação exige esforço, dedicação, bom senso, critérios adequados, domínio de si, enfim, um conjunto de circunstâncias que ajudem os filhos a se formarem bem para a *liberdade.* Uma educação demasiado rígida não é a melhor forma de educar os filhos, como ensina São Paulo: "E vós, pais, não provoqueis a ira em vossos filhos, mas educai-os na disciplina e no ensinamento do Senhor" (*Efésios* 6,4).

Nesse assunto, mais do que nunca, é importante o bom exemplo dos pais, pois os filhos aprendem mais imitando o que veem nos pais do que ouvindo suas recomendações. O lar deve também abrir a mente e o coração dos filhos para as responsabilidades humanas em geral e as comunitárias. Por outro lado, os filhos também hão de ser preparados para os perigos que a sociedade oferece.

O que dizer da violência nas famílias? – Qualquer tipo de violência é sempre condenado pelo Evangelho. É ainda mais condenável pelo fato de ocorrer dentro da família, que deve ser um lugar de amor e comunhão. Assinalemos aqui três comportamentos violentos que ocorrem com frequência nas famílias:

- *maltratar os filhos de diversas maneiras:* palavras duras, castigos exagerados (físicos ou de outra ordem), surras, provocar ferimentos e outras atitudes semelhantes;
- *abusar deles sexualmente:* fato gravíssimo que acontece dentro da própria família com muito mais frequência do que se imagina e que deixa na criança feridas que a farão sofrer por toda a vida;
- *os filhos maltratarem os pais ou os pais se maltratarem entre si:* ambas as faltas ferem o quarto e o quinto mandamento; ofender a esposa ou vice-versa, é bom ressaltar, é uma forma também de ofender o sacramento do matrimônio, pois os esposos juraram perante Deus e a Igreja amor mútuo para sempre.

Do ponto de vista da fé, os pais têm outras obrigações com os filhos? – Eles também precisam *evangelizar* os filhos. Foi com essa finalidade, entre outras, que os pais, pelo sacramento do matrimônio, receberam graça especial de Deus. Os primeiros catequistas em uma família devem ser os pais, pela palavra e pelo exemplo. Além de procurar fazer da família uma "Igreja doméstica", os pais encaminharão os filhos para a vida da comunidade eclesial (paróquia ou comunidade menor), iniciando-os na catequese e na prática religiosa, no acesso aos sacramentos, na oração e, aos poucos, no discernimento da própria vocação.

Essa é tarefa importantíssima, isto é, a *educação para a fé* dos próprios filhos. Se assim for, os filhos acabam colaborando para o *crescimento da santidade* de seus próprios pais, criando entre eles um clima de amor mútuo, de perdão, de autêntica caridade cristã.

Há mais responsabilidades dos pais para com os filhos? – É fundamental também que os pais escolham para os filhos *uma boa escola,* que corresponda a suas convicções humanas e cristãs. Os poderes públicos têm obrigação de garantir esse direito dos pais e dar-lhes segurança para poderem exercer serenamente esse direito. Por fim, os filhos, ao se tornarem adultos, têm o direito de *escolher sua profissão e seu estado de vida.* Nesse ponto, os pais poderão aconselhar e sugerir, nunca impor. Por outro lado, também os filhos devem saber solicitar conselhos e orientações a seus pais.

Às vezes, há filhos que não se casam para cuidar dos pais idosos ou doentes, ou para se dedicar exclusivamente a uma profissão ou por outros motivos louváveis. É uma forma também essa de contribuir para o bem da humanidade.

E quando os filhos pretendem seguir uma vocação religiosa ou sacerdotal? – Os pais que têm fé sentirão alegria em vez de tristeza ou de reagir de forma a desestimular os filhos no prosseguimento desse caminho. Afinal, a primeira vocação do cristão é a de seguir Jesus. "Quem ama pai ou mãe mais do que a mim não é digno de mim. E quem ama filho ou filha mais do que a mim não é digno de mim" (*Mateus* 10,37).

O filho ou a filha que seguem uma vocação específica na Igreja não deixam de amar seus pais, pelo contrário, eles os amam de uma forma ainda melhor, sob o olhar amoroso de Deus. Um dia São Pedro disse a Jesus: "Olha! Nós deixamos tudo e te seguimos. Que haveremos de receber? Jesus respondeu: 'Em verdade vos digo, quando o mundo for renovado e o Filho do homem se assentar no trono de sua glória, também vós, que me seguistes, havereis de sentar-vos em doze tronos, para julgar as doze tribos de Israel. E todo aquele que tiver deixado casas, irmãos, pai, mãe, filhos ou campos, por causa de meu nome, receberá cem vezes mais e terá como herança a vida eterna'" (*Mateus* 19,27-29).

AUTORIDADES E CIDADÃOS

Quais são os deveres das autoridades civis para com os cidadãos? – Elas devem exercer a autoridade como um serviço e nada mais: "Quem quiser ser o maior, no meio de vós, seja aquele que vos serve" (*Mateus* 20,26). A autoridade tem sua origem em Deus, pois ela é necessária para o bem da humanidade. São Paulo recomendava: "Cada um se submeta às autoridades constituídas, pois não existe autoridade que não venha de Deus, e as autoridades que existem foram estabelecidas por Deus. Portanto quem se opõe à autoridade resiste à ordem de Deus" (*Romanos* 13,1). Esse é o pensamento de Deus sobre a autoridade e sobre o uso que ela pode e deve fazer de seus poderes.

O que dizer dos poderes políticos que estão nas mãos das autoridades? – Os *poderes políticos* devem respeitar os direitos fundamentais da pessoa humana. Exercerão humanamente a justiça no respeito pelo direito de cada um, principalmente das famílias e dos deserdados. Os direitos políticos ligados à cidadania podem e devem ser concedidos segundo as exigências do bem comum. Não podem ser suspensos pelos poderes públicos sem motivo legítimo e proporcionado. O exercício dos direitos políticos está destinado ao bem comum da nação e da comunidade humana (*CIC* n. 2237).

Quais são os deveres dos cidadãos para com as autoridades? – Devem *respeitar as autoridades.* São Pedro ensina: "Subordinais-vos a toda autoridade humana por amor ao Senhor, quer ao rei, como soberano, quer aos governadores, que por ordem dele eles castigam os malfeitores e premiam os que fazem o bem. Pois a vontade de Deus é esta que, fazendo o bem, caleis a ignorância dos insensatos, como pessoas livres, sem usar a liberdade como um pretexto para o mal. Pelo contrário, vivei como servos de Deus. Honrai a todos: aos irmãos, amai; a Deus, tende temor; ao rei, honrai" (*1 Pedro* 2,13-17).

Como o cidadão deve comportar-se em relação às autoridades? – Ele deve "*colaborar* com os poderes civis para o bem da sociedade, em um espírito de verdade, justiça, solidariedade e liberdade. O amor e o serviço à *pátria* derivam do dever de gratidão e da ordem da caridade. A submissão às autoridades legítimas e o serviço do bem comum exigem que os cidadãos cumpram seu papel na vida da comunidade política" (*CIC* n. 2239).

Tudo isso inclui, por exemplo, o pagamento dos impostos, o exercício do direito de voto, o serviço militar para a defesa do país. "Dai a cada um o que lhe é devido: a quem o imposto, o imposto; a quem a taxa, a taxa; a quem o temor, o temor; a quem a honra, a honra" (*Romanos* 13,7). São Paulo ainda recomenda a Timóteo que se reze por todos, inclusive, "pelos reis e pelas autoridades em geral, para que possamos levar uma vida calma e tranquila, em toda piedade e dignidade" (*1 Timóteo* 2,2).

Pode-se chamar atenção das autoridades? – Pode-se e, às vezes, é indispensável. O respeito à autoridade não impede que os cidadãos manifestem com clareza e coragem tudo quanto é prejudicial à dignidade das pessoas e ao bem da comunidade. Sabemos que a sociedade caminha sempre mais para formas de maior ou menor violência na manifestação de suas reivindicações aos governantes. Por quê? Porque ela sabe que também é frequente as autoridades agirem no próprio interesse ou por corrupção, às avessas do espírito de serviço que deveria caracterizá-las. Aqui estamos longe do quarto mandamento e do Evangelho, infelizmente. E isso elimina a serenidade e a paz da sociedade.

É possível também recusar obediência às autoridades? – "O cidadão é obrigado em consciência a não seguir as prescrições das autoridades civis quando estes preceitos são contrários às exigências da ordem moral, aos direitos fundamentais das pessoas ou aos ensinamentos do Evangelho. *A recusa de obediência* às autoridades civis, quando suas exigências são contrárias às da reta consciência, funda-se na distinção entre o serviço a Deus e o serviço à comunidade política" (*CIC* n. 2242).

De fato, Jesus disse: "O que é de César devolvei a César, e o que é de Deus, a Deus" (*Mateus* 22,21). No caso de as autoridades oprimirem os cidadãos, estes devem acatar o que faz parte do bem comum, mas podem defender seus direitos e os dos outros contra quem está abusando do poder, sempre dentro dos limites da razão e do Evangelho. Os apóstolos não tiveram medo de dizer aos sumos sacerdotes que os interrogavam: "É preciso obedecer a Deus antes que aos homens" (*Atos dos Apóstolos* 5,29).

Quando os cidadãos podem fazer resistência às autoridades? – Em determinadas circunstâncias, nos casos de haver opressão do poder político. Quanto ao uso de armas, porém, só se recorrerá a elas com as seguintes condições, conforme as orientações do *CIC* n. 2243: se ocorrerem *violações* certas, graves e prolongadas dos direitos fundamentais; após terem sido *esgotados* todos os outros recursos; havendo *esperança fundada* de êxito; finalmente, se for *impossível prever* razoavelmente soluções melhores.

E que dizer das obrigações para com estrangeiros, que não são cidadãos? – As nações que tiverem condições de acolher os *estrangeiros* em busca de condições melhores de vida devem acolhê-los. Por sua vez, o migrante deve respeitar o país que o acolher, obedecer a suas leis e contribuir financeiramente com ele, na medida do possível. No dia do julgamento seremos avaliados também pela sensibilidade que tivemos pelos estrangeiros, nos quais vive o próprio Jesus, conforme ele disse: "Eu era forasteiro, e me recebestes em casa" (*Mateus* 25,35). Essas palavras se referem tanto aos indivíduos quanto às sociedades, em particular aos governantes. Infelizmente, aumenta no mundo a discriminação contra os estrangeiros, migrantes...

Para aprofundar: *CIC* n. 2197-2257.

QUINTO MANDAMENTO: **NÃO MATAR**

Qual é o sentido do quinto mandamento? – Em duas palavras solenes, o quinto mandamento ordena: "Não cometerá homicídio" (*Êxodo* 20,13). Palavras de São João Paulo II: "A *vida humana* é sagrada porque, desde sua origem, ela encerra a ação criadora de Deus e permanece para sempre em uma relação especial com o Criador, seu único fim. *Só Deus é o dono da vida,* do começo ao fim; ninguém, em nenhuma circunstância, pode reivindicar para si o direito de destruir diretamente um ser humano inocente".[12]

Jesus, que veio aperfeiçoar o Antigo Testamento, conferiu novo alcance ao quinto mandamento com estas palavras: "Ouvistes o que foi dito aos antigos: Não cometerás homicídio: quem cometer homicídio será réu no julgamento. Eu, porém, vos digo: todo aquele que tratar seu irmão com ira será réu no julgamento; quem disser a seu irmão 'imbecil' será réu perante o sinédrio; e quem chamar seu irmão de 'louco' será réu diante da Geena de fogo" (*Mateus* 5,21-22). Compreende-se por aqui quanto Deus quer o amor fraterno, ele que é Amor!

A vida, portanto, é um dom divino? – Sim, preciosíssimo! Destruí-la é enorme pecado: "Cobrarei vosso sangue, que é vossa vida. De qualquer animal o cobrarei, e da mão do ser humano cobrarei a vida do ser humano, de qualquer um em relação a seu irmão. Quem derramar sangue humano terá seu sangue derramado, porque Deus fez ser humano a sua imagem (*Gênesis* 9,5-6). "Não faças morrer o inocente e o justo" (*Êxodo* 23,7).

Matar é sempre grave, porém assassinar inocentes é tremendamente grave. Sabemos que Jesus não só condenou qualquer violência contra a vida humana, como também exortou seus discípulos a ofe-

[12] São João Paulo II citado pelo *CIC* n. 2258.

recerem a outra face a quem lhe batesse em uma e a amar seus próprios inimigos. O Deus-Amor não pode propor senão amor, mesmo à custa de nosso orgulho e de outros grandes sacrifícios.

É possível, em alguma circunstância, suprimir a vida de alguém? – Há casos em que, não havendo outra saída, é permitida a chamada *legítima defesa.* É claro que, em um caso desses, a intenção da pessoa ameaçada não deve ser propriamente a de tirar a vida do outro, mas a de *defender a própria,* o que são coisas diferentes. Dessa forma, mesmo que o agressor morra, na *intenção* da consciência da pessoa agredida, a defesa foi feita como último recurso para não morrer, pois o amor a si mesmo, o direito à própria existência, é algo vital, fundamental e é lícito obrigar os outros a respeitarem esse direito.

A legítima defesa pode tornar-se um dever grave? – Sim, no caso de alguém ser responsável pela vida *de outros.* Todavia, nesse campo da legítima defesa, é preciso caminhar com grande senso de responsabilidade porque ele pode abrir a porta a gravíssimos abusos. O Estado, a quem cabe salvaguardar o bem comum, não pode agir levianamente ou por interesses escusos em matéria tão grave, como é o caso, por exemplo, da aplicação da pena de morte. Quanto a esse supremo recurso de defesa da sociedade, pelo perigo de aplicá-la a pessoas inocentes, como já ocorreu, e pelo fato de ela eliminar qualquer possibilidade de emenda, o ideal seria ignorá-la por completo.

E o que dizer de quem mata voluntariamente sem ser por legítima defesa? – É o caso do *homicídio voluntário.* O primeiro homicídio da humanidade, conforme é relatado em *Gênesis* 4,8-12, foi cometido por Caim ao matar seu irmão Abel. Deus condenou severamente esse crime. Ao mesmo tempo, Deus também condenou de antemão todo aquele que ousasse matar Caim, ao qual disse: "'Se matarem Caim, ele será vingado sete vezes'. O Senhor pôs um sinal em Caim, para que ninguém, ao encontrá-lo, matasse-o" (*Gênesis* 4,15).

É, pois, o homicídio um pecado grave tanto por parte de quem o executa quanto por parte dos que cooperam voluntariamente com ele. Conforme o caso, o homicídio adquire características especiais que lhe fazem aumentar a responsabilidade. Por exemplo, matar uma criança (infanticídio), um irmão (fratricídio), os pais (parricídio), o cônjuge (conjugicídio)... são faltas especialmente graves por causa dos laços naturais que tais ações criminosas rompem. Nada, absolutamente nada, pode justificar a morte de inocentes.

E quando a morte é ocasionada indiretamente? – Também é homicídio provocar *indiretamente* a morte de alguém, embora, dependendo do caso, a ação seja menos grave por ser menos intencional, por isso a responsabilidade também varia. Pelos mesmos motivos, é igualmente contra o quinto mandamento expor alguém a perigo mortal sem causas proporcionadas ou também recusar ajuda a uma pessoa em perigo de morte.

"A aceitação pela sociedade humana de condições de miséria que levem à própria morte, sem se esforçar para remediar a situação, constitui uma injustiça escandalosa e uma falta grave. Todo aquele que em seus negócios se der a práticas usuárias e mercantis que provoquem a fome e a morte de seus irmãos comete indiretamente um homicídio, que lhe é imputável" (*CIC* n. 2269).

O ABORTO

E como fica o caso do aborto? – É um caso de *homicídio* como os outros. Estamos cansados de ouvir por parte da Igreja, em particular dos últimos Papas, que a vida é sagrada desde sua concepção até seu término natural. Isso exclui explicitamente o *aborto.* Se o feto não fosse um ser humano, teria Deus dito a Jeremias: "Antes que te formasse no seio de tua mãe, eu te conheci, antes de saíres do ventre, eu te consagrei e fiz de ti profeta para as nações" (*Jeremias* 1,5)?

Desde o momento da concepção, o ser humano é pessoa e tem direito de ser respeitado como pessoa. Hoje, muitos defendem o aborto, apesar da posição firme da Igreja. Mas ela, fiel à Palavra de Deus, insiste, como já fazia no século I, conforme podemos ler na já citada *Didaqué* 2, 2: "Não matarás o embrião por aborto e não farás perecer o recém-nascido".

É frequente hoje o aborto? - Há pessoas que cometem aborto tranquilamente, sem falar dos meios de comunicação social e dos governos que com frequência o incentivam. Não se pense que é a sociedade civil, a autoridade política, o Estado ou os governos que *concedem* os direitos às pessoas. Alguns direitos são inalienáveis e *ninguém os concede a ninguém* porque são inerentes à pessoa em razão do ato criador do qual ela se origina. Entre tais direitos está o direito à vida e à integridade física do ser humano, desde a concepção até sua morte natural.[13]

O que mais a dizer sobre o crime do aborto? - Colaborar formalmente para um aborto também é ato grave. E a Igreja, não por falta de misericórdia - que ela nunca recusa a quem se arrepende sinceramente mesmo no caso dos maiores crimes -, mas para fazer compreender a gravidade do pecado cometido, estabelece que "quem provoca aborto, seguindo-se o efeito, incorre automaticamente em excomunhão" (*Código de Direito Canônico* c. 1398).[14]

Dessa excomunhão, só o bispo ou quem ele delegar é que pode absolver. Evidentemente, para alguém incorrer em excomunhão, é preciso ter consciência de que a Igreja pune o pecado de aborto com essa pena. Seja como for, o pecado de aborto é sempre gravíssimo.

---

[13] Aqui é oportuno lembrar a todos, inclusive a legisladores, juízes e governantes, que a Constituição Brasileira, no artigo 5°, garante a todos indistintamente *"a inviolabilidade do direito à vida"*. Sabemos, porém, que na prática esse direito é violado de muitas maneiras.

[14] *Excomunhão* significa desligar da vida da comunidade cristã a pessoa que cometeu determinado crime. É uma forma de a Igreja fazê-la tomar consciência da gravidade do ato cometido, estimulá-la a se arrepender e a buscar o perdão para ser reintegrada à comunidade.

E as intervenções clínicas no que tange à vida nascitura são legítimas? – Enquanto se destinarem a preservar a vida, a curá-la, a defender sua integridade, são lícitas e até recomendáveis, como, por exemplo, o *diagnóstico pré-natal*. Ao contrário, tudo o que pretende eliminar a vida é imoral e, portanto, proibido pelo quinto mandamento.

"É imoral produzir embriões humanos destinados a serem explorados como material biológico disponível. Certas tentativas de intervenções sobre o patrimônio cromossômico ou genético não são terapêuticas, mas tendem à produção de seres humanos selecionados segundo o sexo ou outras qualidades preestabelecidas. Essas manipulações são contrárias à dignidade pessoal do ser humano, a sua integridade e a sua identidade única, não reiterável" (*CIC* n. 2274-2275).

A EUTANÁSIA E O SUICÍDIO

E que dizer da eutanásia? – "Eutanásia" é palavra de origem grega que significa "morte serena", isto é, sem sofrimento. Consiste em apressar a morte por motivos de piedade quando a pessoa está sofrendo muito ou não há esperanças de recuperação. Os defensores da eutanásia alegam também outros motivos para apressar a morte de alguém: por exemplo, se nasceu defeituoso, com doença incurável, se está idoso... Seja qual for o pretexto usado para aplicar a eutanásia, é sempre supressão da vida, por isso homicídio. Há casos em que o próprio paciente a solicita ou a aplica a si mesmo: nesse caso, trata-se de autêntico *suicídio*. É um pecado grave contra Deus, autor da vida.

E no caso de manter um paciente ligado a aparelhos caríssimos? – Aqui há duas situações a considerar:

- não há obrigação moral de manter procedimentos médicos caríssimos, perigosos, *extraordinários* ou desproporcionais aos resultados. A intenção, porém, não pode ser a de acelerar a morte, embora ela venha certamente. Assim mesmo, quem deve decidir é o paciente, se puder; caso contrário, seus responsáveis;

- mesmo que a morte seja iminente, os cuidados *comuns* devidos a um doente nessa situação não podem ser interrompidos. Admite-se o uso de analgésicos para suavizar o sofrimento, mesmo que com isso os dias sejam abreviados, contanto que não sejam ministrados com o objetivo específico de apressar a morte.

Como deve ser considerado o suicídio? – Não somos donos de nossa vida, ela nos foi dada por Deus, ela pertence a Deus. Cabe a ele dispor dela de uma forma ou de outra. Por isso o suicídio é grave ofensa a Deus. Além disso, contradiz a própria inclinação natural do ser humano, que é sempre levado a conservar, defender e perpetuar a própria vida. O suicídio nega totalmente o amor a si mesmo; ofende o amor ao próximo porque rompe todos os vínculos de solidariedade com a família, a comunidade, a nação, a humanidade. Cooperar com o suicídio de outrem também é falta moral.

Muitas vezes, porém, o suicídio é resultado de distúrbios psíquicos graves, angústia ou medo irreprimível ou sofrimento etc. Isso, evidentemente, diminui a responsabilidade do suicida. Quanto à salvação do suicida não nos cabe desesperar, porque Deus tem seus caminhos e pode muito bem socorrer essas pessoas nos últimos momentos. A Igreja reza pelas pessoas que se suicidam.

OS ESCÂNDALOS

O quinto mandamento se opõe também aos escândalos? – Sim. É uma falta de respeito à *alma* das pessoas. O *escândalo* consiste em tentar o próximo, opor-se à retidão da pessoa, arrastar o irmão à *morte espiritual*. O escândalo é pecado grave se, por ação ou omissão, conduzir deliberadamente alguém a uma falta grave.

O escândalo é tanto mais desastroso quanto maior for a autoridade de quem o pratica ou a fraqueza de alma dos que são envolvidos neles. “Quem causar escândalo a um destes pequenos que creem em mim, melhor seria que lhe amarrassem ao pescoço uma grande pedra de moinho e o lançassem no fundo do mar. Ai do mundo por causa dos escândalos. É inevitável que surjam escândalos, mas ai daquele por quem surge o escândalo" (*Mateus* 18,6-7).

Há várias maneiras de escandalizar? – O escândalo é mais grave quando é dado por pessoas que, por natureza ou função, devem ensinar e educar os outros. O escândalo pode ser provocado também pelas leis, instituições, pela moda, opinião... Tudo o que leva à degradação dos costumes corrompe a vida religiosa das pessoas, prejudica o ambiente social de tal modo que torna difícil cumprir os Dez Mandamentos e viver segundo o Evangelho; tudo isso provoca escândalo.

Igualmente o provocam chefes de empresas que em seus regulamentos incitam à fraude, professores que exasperam os alunos, os manipuladores da opinião pública. Todas essas atitudes são ocasiões de pecado para os mais fracos e, portanto, são ocasiões de escândalo.

A SAÚDE

O quinto mandamento refere-se também à saúde? – Sim, porque a *vida e a saúde* são dons de Deus, a fim de podermos cumprir nossa missão neste mundo. Precisamos cuidar delas equilibradamente, tendo em mente também as necessidades dos outros e o bem comum. Também faz parte da saúde o *cuidado com o corpo*, não, porém, de forma exagerada a ponto de fazer dele um ídolo.

Em questões de saúde e de cuidado com o corpo, é preciso evitar toda espécie de excesso, na comida, na bebida e em tudo o mais. Cabe à virtude da *temperança* manter sob controle tudo o que fazemos. Não falemos do uso da droga que causa gravíssimos danos à saúde e leva outras pessoas ao mal, com consequências enormes para as famílias, a sociedade e a própria pessoa que as consome. Quem as comercializa é responsável por gravíssimos danos morais.

A pesquisa científica pode resultar em dano para a pessoa? – Trata-se de uma faca de dois gumes: *experiências científicas, médicas ou psicológicas* podem prestar enorme ajuda à saúde das pessoas. Lembre-se, porém, de que experiências em seres humanos sempre exigem o consentimento do interessado ou de seus representantes legais. Por outro lado, elas não podem legitimar atos em si mesmos contrários à dignidade das pessoas. Nem o consentimento da pessoa envolvida no caso legitima tais tomadas de posição.

Essas experiências não são lícitas se puserem em perigo a vida, a integridade física e psíquica da pessoa ou as levarem a correr riscos desproporcionais ou evitáveis por outras intervenções.

Quanto ao *transplante de órgãos,* é moralmente legítimo na medida em que os riscos a que se submete o doador não representem para ele grave prejuízo e, ao mesmo tempo, que haja probabilidade concreta de bom êxito em favor do destinatário. Sempre, porém, exige-se o consentimento do doador ou de seus representantes legais. *Doar órgãos após a morte* é louvável. *Mutilar a si mesmo* é sempre moralmente inadmissível.

A PAZ E A GUERRA

Também a paz faz parte do quinto mandamento? – Certamente. É contra o quinto mandamento tudo o que atenta gravemente contra a paz, especificamente: a *cólera*, que é desejo de vingança. Dependendo do que a cólera pretende e das atitudes que ela provoca contra alguém, pode chegar a ser falta grave contra a caridade; *o ódio voluntário* é também contrário à caridade, sobretudo quando se deseja um mal grave ao próximo; tudo o que é contra o *respeito e o desenvolvimento da vida humana* é também contra a paz. Paz não é só ausência de guerra e equilíbrio de forças. Sem a paz, violam-se todos os direitos dos seres humanos, da sociedade e da humanidade.

Como deve ser a paz do cristão? – Nossa paz deve ser fruto da *paz de Cristo,* que ele conquistou derramando seu sangue. "Ele é nossa paz" (*Efésios* 2,14). E declarou "bem-aventurados os que promovem a paz, porque eles serão chamados filhos de Deus" (*Mateus* 5,9). A paz de Cristo é bem diversa da "paz" do mundo. Ele disse: "Deixo-vos a paz, dou-vos minha paz. Eu não a dou como a dá o mundo" (*João* 14,27).

Como comportar-se em relação à guerra? – O quinto mandamento defende a vida e condena tudo o que destrói a vida humana. Por isso a *guerra* é fonte de males e injustiças humanas. Ignora completamente o Deus de amor e investe contra suas criaturas, feitas para o amor. Note-se aqui:

- é claro que, se houver perigo de guerra e tiverem sido esgotados todos os recursos para evitá-la, é lícita a *legítima defesa pela força militar.* Todavia, para agir moralmente, muitas e graves são as condições para que se possa falar de autêntica legítima defesa, coisa que cabe aos poderes públicos decidir;
- *durante os conflitos armados* não fica em absoluto suspensa norma moral, como os que pensam que na guerra tudo é lícito. A obediência cega não é suficiente para legitimar o extermínio de um povo, de uma nação ou de uma minoria étnica, o genocídio.

Que outras ações estão na mesma linha da guerra? – Sobretudo as seguintes:

- a *acumulação de armas,* a corrida aos armamentos, o superarmamento, armas científicas, sobretudo atômicas, biológicas ou químicas;
- a *produção e o comércio de armas,* pelo perigo que representam para o bem comum, devem ser estritamente regulamentadas pelos governos;
- *fomentam as guerras* também as injustiças, as desigualdades excessivas de ordem econômica ou social, a inveja, o orgulho e, de modo especial, os grandes interesses econômicos que frequentemente se escondem por detrás de falsos objetivos apresentados ao mundo como promoção do bem social.

Conclusão: a guerra provoca a ruína de muitas consciências, e são sem número as ofensas graves a Deus e aos seres humanos. Embora a guerra esteja sempre à espreita do mundo, a caridade precisa vencer essa tentação, até que se cumpra a palavra do Senhor: chegará o tempo em que os homens, em vez de guerrear, "de suas espadas, forjarão arados e de suas lanças, podadeiras. Nação contra nação não levantará a espada e não se adestrarão mais para a guerra" (*Isaías* 2,4). Que assim seja!

Para aprofundar: *CIC* n. 2258-2330.

SEXTO MANDAMENTO:
NÃO PECAR CONTRA A CASTIDADE

O que é a castidade? – A castidade é a *pureza do amor,* é o amor que cuida de si mesmo e não permite que nada o manche. O ser humano conhece as próprias fragilidades e sabe muito bem que a fraqueza da carne é uma das mais expostas a perigos e que seu clamor é dos mais fortes dentro e fora do si. Por isso a castidade é a virtude que cuida para que o amor, em todas as suas dimensões, mantenha-se isento de falhas. Dessa forma, as pessoas podem amar Deus *sobre todas as coisas* e ao próximo como a si mesmas, isto é, com o melhor amor de que dispõem.

É fundamental que se compreenda que, no sexto mandamento, o que está em jogo propriamente é o amor, *a pureza do amor,* não simplesmente questões sexuais. "Castidade" tem sua origem na palavra "castigar", que significa corrigir, purificar: seja o que for que amemos – nossos semelhantes, os animais, as coisas inanimadas –, nosso amor deve ser *casto*, isto é, ordenado, limpo e puro, do contrário não amaremos Deus *sobre todas as coisas* nem amaremos o próximo *como o amou Jesus,* modelo de todo amor.

Qual é o sentido do sexto mandamento? – Precisamente porque nossa carne é fraca, ela necessita de um apoio especial que nos ajude a caminhar retamente: esse apoio é o sexto mandamento. O Antigo Testamento resumia tudo nestas palavras: "Não cometerás adultério" (*Êxodo* 20,14). Jesus, porém, aprofundou o sentido dessas palavras e as ampliou: "Ouvistes que foi dito: 'Não cometerás adultério'. Eu, porém, digo-vos: todo aquele que olhar para uma mulher, cobiçando-a, já cometeu adultério com ela em seu coração" (*Mateus* 5,27-28). Como se vê, pode-se pecar também por maus pensamentos e más intenções.

Para quem é a castidade? – Todo ser humano é chamado à castidade: é por ela que se constrói e mantém a unidade entre seu ser corporal e espiritual. A sexualidade mostra que o ser humano pertence também ao mundo corporal e biológico. Todavia, a castidade se torna realmente *humana* quando é integrada serenamente na pessoa, na relação entre pessoas, na doação mútua e definitiva entre um homem e uma mulher. Portanto a castidade exige a *integridade da pessoa* e a *total capacidade de doação mútua.*

A SEXUALIDADE

Como integrar a sexualidade no conjunto da pessoa humana? – O ser humano por inteiro, corpo e alma, é marcado pela sexualidade. Ela afeta, de modo especial, a afetividade, a capacidade de amar, de procriar, mas também tem a capacidade de criar vínculos e comunhão com os outros. Ocorre uma grave fonte de distúrbios quando alguém não consegue integrar a sexualidade no contexto de toda a pessoa ou a considera somente enquanto *genitalidade*. Cabe a cada ser humano reconhecer e aceitar a própria *identidade sexual* e buscar integrá-la serenamente em seu todo.

A sexualidade, sem eliminar a igualdade fundamental entre o homem e a mulher, marca de tal modo as pessoas que ela as torna muito diferentes em muitos aspectos, desde a dimensão física até a dimensão espiritual. Essas diferenças são energias voltadas para a comunhão matrimonial (complementação mútua entre homem e mulher) e familiar (geração e educação dos filhos). Disse o Criador: "Por isso deixará o homem o pai e a mãe e se unirá a sua mulher, e eles serão uma só carne" (*Gênesis* 2,24).

De que forma a castidade promove a integridade da pessoa? – A castidade defende as forças vitais e de amor da pessoa. Uma pessoa casta se sente unificada, não dispersada em diversas direções em busca de compensações menos adequadas que, aos poucos, pervertem o pensamento, o amor e a ação. Para que a castidade unifique e tonifique o ser humano, são necessárias diversas atitudes:

- *a aprendizagem do domínio de si,* que é a pedagogia para a formação da liberdade humana. Ou a pessoa comanda suas paixões, ou acaba como sua escrava: a diferença é que, no primeiro caso, ela tem paz; no segundo, infelicidade e remorso. Deixar-se guiar por impulsos torna o ser humano semelhante aos irracionais. A razão e, no caso do cristão, a fé é que devem tomar a dianteira e organizar as energias humanas dentro do coração;
- *o uso dos meios adequados* é indispensável para conservar a castidade. Não se pode ser passivo e esperar que as coisas aconteçam. O conhecimento de si, a prática da ascese (renúncia a tudo o que possa excitar paixões menos convenientes), a obediência aos mandamentos, a prática das virtudes, a Palavra de Deus, a oração, os sacramentos da Reconciliação e da Eucaristia, a orientação espiritual... tudo isso ajuda a pessoa a se manter equilibrada;
- *a prática da temperança,* virtude que *tempera*, modera, equilibra os apetites da sensibilidade humana, submetendo-os à razão e à fé, é fundamental para se tornar casto.

Há ainda outros meios para a castidade promover a integração da pessoa? – Especialmente os seguintes:

- o domínio de si é um *trabalho a longo prazo,* até o fim da vida. Ele nunca pode ser dado como adquirido plenamente. Haverá períodos em que se torna menos necessário, nunca, porém, pode ser descuidado. A castidade tem leis de crescimento, às vezes marcadas por imperfeições e até por faltas graves: assim mesmo, é preciso retomar o trabalho para obter o domínio sobre si próprio;
- embora cada um deva cuidar de sua castidade, há também uma preocupação por criar uma *cultura de castidade.* Quem não percebe, hoje, quanto nossa cultura está impregnada de sensualidade, sexualidade, pornografia? Os meios de comunicação social, os formadores de opinião pública, os educadores, todos têm grande responsabilidade nisso e precisam promover maior respeito pelas pessoas, pelo próprio corpo

e pelo corpo dos outros. Há muito interesse em cuidar do corpo por vaidade, mas muito pouco respeito pelo corpo enquanto templo do Espírito Santo;

- a castidade é também um *dom de Deus*, é graça divina, é fruto de um trabalho espiritual. É o Espírito Santo que nos concede imitar a pureza de Cristo. Não nos esqueçamos disto, nós que fomos batizados em Cristo: "Os que pertencem a Jesus Cristo crucificaram a carne com suas paixões e seus desejos. Se vivemos pelo Espírito, procedamos também de acordo com o Espírito" (*Gálatas* 5,24-25).

E a total capacidade de doação de si mesmo como deve ser? – A caridade é a rainha de todas as virtudes. É ela que faz da castidade uma escola de doação da pessoa porque a torna senhora de si e capaz de generosidade sem limites. É por isso que a castidade floresce facilmente na *amizade*. Em primeiro lugar, na amizade para com aquele que nos amou por primeiro e que enviou até nós seu Filho. Depois, na amizade para com esse Filho, que nos fez seus próprios amigos: "Eu vos chamo amigos" (*João* 15,15), entregou-se por nós e nos tornou participantes de sua condição divina.

Por isso a castidade é promessa de imortalidade. A castidade faz florescer também a *amizade com o próximo* que, se for casta, representa um grande bem para todos e conduz à comunhão espiritual.

Há diversas formas de viver a castidade? – Sim. Todos os cristãos são chamados a viver a castidade. Há pessoas que, às vezes, vivem na ilusão de que para os casados esse mandamento não existe. É um grande engano. Como lembramos anteriormente, a castidade é a pureza do amor, seja de um solteiro ou de um casado, porque ela é muito mais do que simples genitalidade. Uma pessoa pode ser virgem, outra celibatária, outra casada, outra viúva: todas devem procurar viver castamente.

É fácil encontrar pessoas que afirmam que *os namorados e os noivos* podem relacionar-se sexualmente como se fossem casados, com a finalidade de se conhecerem melhor, de mostrar carinho e amor. É outro engano. A união sexual não está prevista como forma de fazer experiências... Seria instrumentalizar as pessoas. Nesse caso, a pessoa cuja experiência não fosse aprovada sentir-se-ia rejeitada e intensamente ofendida.

OFENSAS À CASTIDADE

Como se ofende a castidade? – Ofende-se a castidade de diversas maneiras, especialmente:

- pela *luxúria,* que é o desejo desordenado ou a busca do prazer sexual por si mesmo, fora das finalidades estabelecidas para o sexo pelo Criador, que são a união dos esposos e a procriação;[15]
- pela *masturbação,* que é a excitação voluntária dos órgãos sexuais por mero prazer. Muitos justificam a masturbação como um fato natural. A Igreja e o senso moral dos fiéis sempre a consideraram um ato *gravemente desordenado* por si mesmo. Todavia, para julgar da gravidade maior ou menor do ato praticado, será preciso levar em conta a imaturidade afetiva, certos hábitos contraídos, estados de angústia, outros fatores psíquicos ou sociais que diminuem a força da responsabilidade (veja *CIC* n. 2352);
- pela *fornicação,* que é a união carnal entre um homem e uma mulher não casados. Como as faltas citadas, ela é contrária à dignidade das pessoas porque as instrumentaliza e é sempre um abuso da sexualidade humana que, como vimos, tem objetivos específicos ditados pelo Criador.

Há ainda outras formas de ofender a castidade? – Sim. Por exemplo:

- pela *pornografia,* que é uma das piores formas de prejudicar a castidade. Ela exibe a outros os atos sexuais, isolados de sua

---

[15] É muito comum as pessoas confundirem "luxúria" com "luxo": este se refere a despesas supérfluas e ostentação; aquela se refere à sensualidade e aos prazeres sexuais.

finalidade, por puro prazer. Desnatura o ato conjugal, ridiculariza a doação íntima dos esposos, ofende gravemente a dignidade humana de quem a produz, encena-a, vende e consome, porque toda essa produção se torna objeto do prazer. As pessoas envolvidas em todo esse processo não estão isentas de culpa e de escândalo. Sem falar dos que a incentivam e, com ela, acumulam fortunas explorando a fraqueza humana. A pornografia escandaliza enormemente a juventude, encaminha para o vício e cria um mundo ilusório, artificial;
- pela *prostituição,* que é gravemente contrária à própria pessoa que se prostitui, reduzida a puro objeto de prazer. A prostituição é um flagelo social e envolve todas as categorias de pessoas de todas as idades. É sempre falta grave. Todavia sua responsabilidade pode ser atenuada pela pressão da miséria, da chantagem e de outros fatores pessoais ou sociais;
- pelo *estupro,* que é usar da força para praticar um ato sexual com alguém. É contra a justiça e a caridade, provoca danos gravíssimos e lesa o direito ao respeito, à liberdade, à integridade física e moral da pessoa ofendida. É sempre algo mau em si mesmo. Pior ainda é o estupro cometido pelos pais ou educadores, abusando de pessoas frágeis e inocentes confiadas a eles enquanto filhos ou educandos.

O que dizer da homossexualidade? – Diz o *CIC* n. 2357-2359: "A homossexualidade designa as relações entre homens e mulheres que sentem atração sexual, exclusiva ou predominante, por pessoas do mesmo sexo. A homossexualidade se reveste de formas muito variáveis ao longo dos séculos e das culturas. Sua gênese psíquica continua amplamente inexplicada.

Apoiando-se na Sagrada Escritura, que os apresenta como depravações graves, a tradição sempre declarou que os atos de homossexualidade são intrinsecamente desordenados.[16] São contrários à lei

[16] Veja as passagens da Bíblia quanto a esse assunto em *Gênesis* 19,1-29; *Romanos* 1,24-27; *1Coríntios* 6,9-10; *1Timóteo* 1,10.

natural. Fecham o ato sexual ao dom da vida. Não procedem de uma complementaridade afetiva e sexual verdadeira. Em caso algum podem ser aprovados.

Um número não negligenciável de homens e de mulheres apresenta tendências homossexuais profundamente enraizadas. Essa inclinação objetivamente desordenada constitui para a maioria uma provação. Devem ser acolhidos com respeito, compaixão e delicadeza. Evitar-se-á para com eles todo sinal de discriminação injusta.

Essas pessoas são chamadas a realizar a vontade de Deus em sua vida e, se forem cristãs, a unir ao sacrifício da cruz do Senhor as dificuldades que podem encontrar por causa de sua condição. As pessoas homossexuais são chamadas à castidade. Pelas virtudes de autodomínio, educadoras da liberdade interior, às vezes, pelo apoio de uma amizade desinteressada, pela oração e pela graça sacramental, podem e devem se aproximar, gradual e resolutamente, da perfeição cristã".

O HOMEM E A MULHER

Como é o plano de Deus a respeito do homem e da mulher? – "Deus disse: 'Façamos um ser humano a nossa imagem e segundo nossa semelhança'... Deus criou o ser humano a sua imagem, à imagem de Deus o criou. Homem e mulher os criou" (*Gênesis* 1,26-27).

Esse é o ser humano criado por Deus e esta é a *distinção* (*sexo* vem de *seccionar*, separar, dividir, distinguir) estabelecida por Deus entre os seres humanos: uns são do sexo masculino, outros, do sexo feminino. Deus os fez um para o outro e lhes disse: "Sede fecundos e multiplicai-vos" (*Gênesis* 1,28). Aqui se insere a vontade de Deus a respeito do matrimônio e da constituição da família. Deus é amor, tudo foi feito por amor e para o amor. A castidade é a defesa do amor.

Que sentido tem o amor entre os esposos? – A sexualidade, por si, está ordenada ao amor conjugal entre o homem e a mulher. A união conjugal é como a conclusão de um processo de união espiritual, psicológica, afetiva, que invade o homem e a mulher de alto a baixo. Essa união é santificada, entre os batizados, pelo sacramento do Matrimônio.

Esse tipo de união é tão alto que Deus – ousamos dizer – não encontrou nada mais elevado entre os seres humanos do que o matrimônio para significar seu amor por seu povo Israel: "Eu te desposarei a mim para sempre. Eu te desposarei a mim na justiça e no direito, no amor e na misericórdia. Eu te desposarei a mim na fidelidade. E conhecereis o Senhor" (*Oseias* 2,21-22).

O próprio São Paulo fala do matrimônio como símbolo do amor de doação até a morte de Cristo esposo por sua esposa, a Igreja. Após lembrar a ordem dada pelo Criador de o homem deixar seus pais para se unir a sua mulher, o apóstolo diz: "Este mistério é grande – eu o digo com referência a Cristo e à Igreja" (*Efésios* 5,32).

Como deve ser o amor dos esposos para ser casto? – "Os atos com os quais os cônjuges se unem íntima e castamente são honestos e dignos. Quando realizados de maneira verdadeiramente humana, significam e favorecem a mútua doação pela qual os esposos se enriquecem com o coração alegre e agradecido.

A sexualidade é fonte de alegria e de prazer: o próprio Criador... estabeleceu que nessa função (i.é, de geração) os esposos sentissem prazer e satisfação do corpo e do espírito. Portanto os esposos não fazem nada de mal em procurar esse prazer e dele usufruir. Eles aceitam o que o Criador lhes destinou. Contudo os esposos devem saber manter-se nos limites de uma moderação justa. Pela união dos esposos realiza-se o duplo fim do matrimônio: o bem dos cônjuges e a transmissão da vida.

Esses dois significados ou valores do casamento não podem ser separados sem alterar a vida espiritual do casal e sem comprometer os bens matrimoniais e o futuro da família. Assim, o amor conjugal entre o homem e a mulher atende à dupla exigência da fidelidade e da fecundidade" (*CIC* n. 2362-2363).

O que tem a ver a castidade com a fidelidade conjugal? – O casamento tem como resultado uma íntima comunhão de vida e de amor, querida expressamente pelo Criador, o qual a dotou de leis próprias. Quando duas pessoas se casam, fazem entre si um contrato de se unirem segundo o plano do Criador.

Por isso seu amor mútuo deve ser irrevogável e jamais pode ser traído. Jesus foi taxativo quanto a isso: "Desde o princípio da criação, Deus os fez homem e mulher. Por isso o homem deixará pai e mãe e se unirá a sua mulher, e os dois se tornarão uma só carne, de modo que já não são dois, mas uma só carne. Portanto o que Deus uniu o homem não separe" (*Marcos* 10,9).

A fidelidade conjugal se opõe à infidelidade, ou seja, preterir o esposo ou esposa para se unir a outro parceiro ou parceira. Trata-se de pecado grave contra a castidade e também contra a justiça, pois, além de violar o sexto mandamento, viola também o compromisso assumido com o outro cônjuge, isto é, de fazer dele o único amor da própria vida.

A castidade tem a ver também com a fecundidade matrimonial? – Sim, porque, além de o matrimônio visar à complementação dos esposos, também deve visar à procriação e educação dos filhos, pois foi para isso que Deus o quis. Sejam quais forem as situações dos esposos, o matrimônio sempre precisa estar aberto à transmissão da vida.

Esta é a missão dos esposos: serem *cooperadores da missão criadora de Deus.* De fato, os filhos são um *dom* de Deus. Por isso fazer do casamento só uma fonte de satisfação pessoal, excluindo a possibilidade da procriação, é pecar gravemente contra o plano do Criador, o que também facilmente leva a buscar satisfações contrárias à castidade.[17]

---

[17] Sobre procriação, sua regulação e outras questões matrimoniais, veja *CIC* n. 2368-2379.

OFENSAS AO MATRIMÔNIO

E que pensar do adultério? – O adultério é a infidelidade conjugal e acontece quando dois parceiros, dos quais um é casado, estabelecem entre si uma relação sexual, mesmo temporária. É pecado contra a castidade e também contra a justiça para com a pessoa casada com um dos dois parceiros.

O adultério pode acontecer mesmo com o simples pensamento e desejo, como ensinou Jesus: "Todo aquele que olhar para uma mulher, cobiçando-a, já cometeu adultério com ela em seu coração" (*Mateus* 5,28). A Bíblia sempre considerou o adultério como pecado grave e pecado de idolatria. O adultério provoca uma série de males, em particular contra o próprio casamento e a geração dos filhos.

E o divórcio? – Por natureza, o casamento é indissolúvel, isto é, não pode ser anulado, quer porque o amor, em si mesmo, exige ser algo absoluto, quer porque o bem dos filhos o pede. O divórcio é uma falta grave. No Antigo Testamento, tolerava-se o divórcio. Jesus, porém, corrigiu essa falha quando disse: "Moisés permitiu repudiar a mulher, por causa da dureza de vosso coração, mas não foi assim desde o princípio [da criação]. Ora, eu vos digo: quem repudia sua mulher – fora o caso de união ilícita – e se casa com outra comete adultério" (*Mateus* 19,8-9). Veja as mesmas palavras taxativas de Jesus em *Mateus* 5,31-32.

São Paulo, por sua vez, ensina: "Aos casados ordeno, não eu, mas o Senhor: a mulher não se separe do marido. Caso se separe, que ela fique sem casar ou, então, que se reconcilie com o marido. E o marido não repudie sua mulher" (*1 Coríntios* 7,10-11). A separação dos esposos, como se vê, pode ocorrer quando houver motivos realmente relevantes. Não podem, porém, passar a novas núpcias. Só a morte pode separar os que se casaram.[18]

---

[18] *CIC* n. 2384-2386 aprofunda mais a questão do divórcio.

Há ainda outras ofensas à dignidade do casamento? – Sim. Limitemo-nos a citá-las:

- a *poligamia ou poliandria,* isto é, ter mais de uma mulher ou mais de um homem;
- o *incesto,* como já acenamos, que consiste em ter relações íntimas com parentes ou pessoas afins;
- a *pedofilia,* isto é, abusos sexuais cometidos por adultos contra crianças ou adolescentes;
- a *união livre ou concubinato,* quando homem e mulher se recusam a dar forma jurídica e pública a sua união;
- as *experiências sexuais antes ou fora* do casamento.[19]

Todas essas atitudes são contrárias à dignidade do casamento e, portanto, são violações do sexto mandamento.

Para aprofundar: *CIC* n. 2331-2400.

[19] Quanto a todas essas formas de abusos sexuais, veja *CIC* n. 2387-2391.

SÉTIMO MANDAMENTO: NÃO FURTAR

Qual é o sentido do sétimo mandamento? – A justiça manda que cada um dê o seu a seu dono; agir contra esse princípio é roubar e furtar, é violar o sétimo mandamento, estabelecido por Deus: "Não roubarás" (*Êxodo* 20,15; *Mateus* 19,18). Trata-se de tomar ou reter injustamente coisas dos outros ou, então, prejudicá-los em seus bens. A justiça e a caridade exigem respeito pelos bens terrestres e pelo trabalho humano. Embora o bem comum preveja que os bens terrenos tenham uma destinação universal, não se exclui a posse e o uso privado de uma parte deles. O sétimo mandamento é a forma de nós usarmos e administrarmos corretamente a criação, tendo como ponto de referência Deus e o próximo.

OS BENS CRIADOS

Como fica a destinação universal dos bens criados e a propriedade privada? – Na criação do mundo, Deus entregou tudo o que ele fez aos cuidados da humanidade. Depois de abençoar o homem e a mulher, disse-lhes: "Sede fecundos e multiplicai-vos, enchei a terra e submetei-a! Dominai sobre os peixes do mar, sobre as aves do céu e sobre todo ser vivo que rasteja pela terra" (*Gênesis* 1,28).

Por motivos de segurança e para defesa da própria vida, aos poucos, a terra foi sendo repartida, surgindo daí a propriedade privada. Ela é legítima: garante a liberdade e a dignidade das pessoas, ajuda no suprimento das necessidades de cada um. A propriedade privada deve levar, porém, a promover a solidariedade entre as pessoas. O egoísmo e o individualismo são contra a vontade de Deus e fontes de males.

O que prevalece: a destinação universal dos bens ou a propriedade privada? – A destinação universal tem prioridade, pois o *bem comum prevalece* sobre o bem particular, conforme manda a caridade. A destinação universal dos bens, porém, não é motivo para anular a propriedade privada. É sempre preciso recordar que o ser humano não é dono da criação, é administrador em nome de Deus.

Por isso, mesmo os bens privados, um dia, por motivo de caridade ou de justiça, podem ser úteis aos outros, socorrendo-os em nome do bem comum. Cabe à autoridade política vigiar para que o exercício do direito de propriedade seja regulamentado em função do bem comum.

Temos também deveres para com a criação? – Tudo o que foi criado – animais, plantas, seres inanimados – foi por Deus e posto à disposição do ser humano. Isso, porém, não significa que nós somos donos da criação e podemos fazer dela o que quisermos. Devemos servir-nos dela na medida de nossas necessidades, respeitando-a o mais possível, pois dela depende não só a vida, mas também a qualidade de vida das outras pessoas.

A grande causa da *ecologia*, embora muitos não saibam, tem como fundamento exatamente o respeito pelo Criador e pela criação que ele fez para nossa utilidade e para nosso bem. Também aqui entra a virtude da temperança: tudo deve ser usado com moderação, sem egoísmo e instinto de posse, sem abuso de qualquer tipo, como, por exemplo, fazer sofrer os animais, destruir por destruir etc.

Como respeitar as pessoas e seus bens? – A virtude que regula nosso comportamento com as pessoas quanto aos bens criados é a virtude da *temperança*, que modera nossos atos. No que se refere ao respeito pelos bens dos outros, é a virtude da *justiça* que nos orienta para darmos a cada um o que é seu. Por fim, a *solidariedade* nos leva a repartir com os mais pobres aquilo que temos, especialmente se se tratar de bens supérfluos.

OFENSAS À JUSTIÇA

Em que consiste a falta de respeito pelos bens dos outros? – Em primeiro lugar, o sétimo mandamento proíbe o *roubo:* consiste em apropriar-se dos bens de outras pessoas contra a vontade razoável delas. Roubo é também reter injustamente o bem de outras pessoas, mesmo que não haja leis civis que o proíbam. Igualmente é roubo reter de propósito bens emprestados, objetos perdidos, enganar no comércio, pagar salários injustos, elevar os preços especulando sobre a ignorância e a miséria dos outros.

Não há roubo se se sabe que os donos não se opõem a que nos apropriemos de alguma coisa que lhes pertence. Não há roubo também quando há necessidade urgente e evidente de dispor de alguma coisa para satisfazer as necessidades imediatas e essenciais do ser humano, como comida, casa, roupa... pois nesse caso prevalece a destinação universal dos bens.

Há outras formas de roubar? – Eis algumas: "São... moralmente ilícitos a especulação, pela qual se faz variar artificialmente a avaliação dos bens, visando levar vantagem em detrimento do outro; a corrupção, pela qual se "compra" o julgamento daqueles que devem tomar decisões de acordo com o direito; a apropriação e uso privados dos bens sociais de uma empresa; os trabalhos malfeitos; a fraude fiscal; a falsificação de cheques e de faturas; os gastos excessivos; o desperdício. Infligir voluntariamente um prejuízo aos proprietários privados ou públicos é contrário à lei moral e exige reparação" (*CIC* n. 2409).

O que dizer das promessas e dos contratos? – As *promessas* e os *contratos* devem ser cumpridos honestamente, pois grande parte da vida econômica e social depende disso: venda e compra, locação e trabalho etc. Tudo deve ser feito em boa-fé, do contrário a vida se torna impossível. A *justiça comutativa,* que é aquela que regula trocas entre pessoas e instituições, também exige que se faça a *reparação da injustiça* cometida.

Vale a pena aqui relembrar o episódio do encontro de Jesus com Zaqueu que, convertido, prometeu devolver o quádruplo a quem ele tinha defraudado: veja *Lucas 19,1-10.* Também toda pessoa que cooperou com terceiros para defraudar alguém deve, de um modo ou de outro, reparar a injustiça.[20]

Os jogos de azar e as apostas têm algo a ver com o sétimo mandamento? – Em si não são contra a justiça. Sabe-se, porém, que essas coisas viciam. Por isso é perigoso dedicar-se sistematicamente a elas. Tornam-se imorais, se por causa disso a pessoa não tem mais como atender suas necessidades fundamentais ou as dos outros. Trapacear no jogo, dependendo do dano infligido aos outros, pode ser falta grave.

Qual é um dos maiores pecados contra o sétimo mandamento? – Toda e qualquer forma de *escravizar seres humanos* é grave ofensa à dignidade humana, a seus direitos fundamentais e, portanto, ao Criador. Pode não parecer, mas é esse um pecado que se comete mais do que se imagina.

A JUSTIÇA SOCIAL

A Igreja tem critérios próprios a respeito da atividade econômica e social? – Sim. É a *Doutrina Social da Igreja.* Com base no Evangelho, ela dá orientações detalhadas de como as pessoas se devem comportar perante seus semelhantes, o trabalho, as atividades econômicas e sociais, enfim, perante tudo o que constitui atividade que nos ajuda a criar uma civilização permeada de solidariedade, a civilização do amor.[21]

---

[20] Veja o *CIC* n. 2410-1412 sobre outros deveres referentes a esse assunto.

[21] Esse é um assunto complexo que não é possível abordar aqui por inteiro. Remetemos o leitor ao *CIC* n. 2419-2425: a leitura desta parte é de grande importância para os tempos atuais.

O que diz a justiça social sobre a atividade econômica? – "O desenvolvimento das atividades econômicas e o crescimento da produção estão destinados a servir às necessidades dos seres humanos. A vida econômica não visa somente multiplicar os bens produzidos e aumentar o lucro ou o poder; antes de tudo, ela *está ordenada ao serviço das pessoas, do homem em sua totalidade e de toda a comunidade humana.* Conduzida segundo seus métodos próprios, a atividade econômica deve ser exercida dentro dos limites da ordem moral, segundo a justiça social, a fim de corresponder ao plano de Deus acerca do homem" (*CIC* n. 2426).

O TRABALHO

Que especial atividade a justiça social ilumina com particular intensidade? – O *trabalho humano:* dele deriva a grandeza para o ser humano, tornado parceiro de Deus na obra da criação. Posto no mundo exatamente para trabalhar, São Paulo diz que "quem não quer trabalhar também não coma" (*2 Tessalonicenses* 3,10). O trabalho honra o ser humano e honra também o Criador. Ele pode ser redentor, quando suportado com paciência e unido a Jesus Redentor, que trabalhou com suas mãos. Tenha-se sempre presente que o trabalho é para o homem, não o homem para o trabalho. O trabalho deve ser fonte de dignidade, não de humilhação e escravidão.

O trabalho tem ainda outras exigências? – Acenaremos aqui algumas, sem poder deter-nos em explicitá-las cabalmente:

- cada um tem o *direito de iniciativa econômica* para o próprio bem e para o bem comum; naturalmente deverá adaptar-se às normas que existem para regular o bem comum;
- a vida econômica fatalmente acaba criando *conflitos:* é preciso bom senso e esforço para minimizá-los e solucioná-los conforme a justiça social;
- o *Estado tem responsabilidades especiais* nesse setor: ele deve criar todas as condições favoráveis ao desenvolvimento das atividades econômicas e garantir aos que trabalham condi-

ções adequadas para cumprirem sua missão; em particular, é preciso que se respeitem os direitos humanos no setor econômico;

- especiais responsabilidades têm os *donos de empresas:* eles devem pensar antes no bem das pessoas mais do que nos lucros; naturalmente, também estes são necessários.

O trabalho tem ainda alguma outra exigência? – Certamente. Assinalamos as seguintes:

- o *acesso ao trabalho* é preciso que esteja aberto a todos, sem discriminação;
- quem trabalha merece seu *salário justo:* recusá-lo ou retê-lo pode ser grave injustiça. "Olhai: o salário dos trabalhadores que ceifaram os vossos campo e que vós deixastes de pagar está gritando; o clamor dos trabalhadores chegou aos ouvidos do Senhor todo-poderoso" (*Tiago* 5,4). Um salário justo exige que com ele se possam atender as necessidades da pessoa, dependendo também de suas contribuições; o acordo entre partes não basta para justificar moralmente o montante de um salário;
- o protesto da *greve* pode ser legítimo e até necessário, mas é moralmente inaceitável quando acompanhado de violência ou quando esconde objetivos que não se referem diretamente às condições do trabalho em questão;
- é falta de justiça *sonegar* o pagamento das cotas estipuladas pelas autoridades legítimas em função da seguridade social;
- grande atentado à dignidade humana é a *privação do trabalho* (desemprego), pois coloca em situação difícil a pessoa desempregada, sua família e o equilíbrio da vida social.

A SOLIDARIEDADE

Que diz a justiça social a respeito da solidariedade entre as nações? – Responde o *CIC* n. 2437-2438: "No plano internacional, a desigualdade dos recursos e dos meios econômicos é tão grande que provoca entre as nações um verdadeiro fosso. De um lado, estão os que detêm e desenvolvem os meios de crescimento e, de outro, os que acumulam as dívidas. Diversas causas, de natureza religiosa, política, econômica e financeira, conferem hoje à questão social uma dimensão mundial.

A solidariedade é necessária entre as nações, cujas políticas já são interdependentes. É ainda mais indispensável quando se torna preciso deter 'os mecanismos perversos', que impedem o desenvolvimento dos países menos avançados. Urge substituir os sistemas financeiros abusivos e mesmo usurários, as relações comerciais iníquas entre as nações e a corrida armamentista por um esforço comum no sentido de mobilizar os recursos e objetivos de desenvolvimento moral, cultural e econômico, redefinindo as prioridades e as escalas de valores".

É possível definir algumas responsabilidades maiores? – Sim. Indiquemos pelo menos cinco:

- as *nações ricas* têm responsabilidades especiais graves para com as que não têm condições de se desenvolverem: é um dever de solidariedade e caridade;
- a *ajuda direta* é uma forma de atender às necessidades imediatas das nações que, por um motivo ou por outro, estão submersas em dificuldades especiais ou na miséria permanente;
- há também a necessidade de *reformar as instituições* econômicas e financeiras internacionais para que ajudem de forma mais equitativa os países menos desenvolvidos;
- na base de qualquer crescimento do *desenvolvimento completo da sociedade humana* está o *senso de Deus* e o reconhecimento de nosso lugar como criaturas; se não houver cuidado em cultivar esses valores, o egoísmo prevalecerá;
- a tarefa de intervir diretamente na construção política e na organização da vida social não cabe aos pastores, mas é vocação própria dos *fiéis leigos*, o que pode ser feito de diversas maneiras.

Quanto aos pobres, o que ensina a Igreja? – "Deus abençoa aqueles que ajudam os pobres e reprova aqueles que se afastam deles: 'Dá a quem te pedir, e não vires as costas ao que te pedir emprestado' (*Mateus* 5,42). 'De graça recebestes, de graça dai' (*Mateus* 10,8). Jesus Cristo reconhecerá seus eleitos pelo que tiverem feito pelos pobres. Temos o sinal da presença de Cristo quando 'os pobres são evangelizados' (*Mateus* 11,5).

O amor da Igreja pelos pobres... faz parte de sua tradição constante. Inspira-se no Evangelho das bem-aventuranças, na pobreza de Jesus e em sua atenção aos pobres. O amor aos pobres é também um dos motivos do dever de trabalhar, para se ter o que partilhar com quem tiver necessidade. Não se estende apenas à pobreza material, mas também às numerosas formas de pobreza cultural e religiosa. O amor aos pobres é incompatível com o amor imoderado das riquezas ou o uso egoísta delas" (*CIC* n. 2443-2445).

Como proceder em relação aos pobres? – Há dois grandes meios a se levarem em consideração:

- as *obras de misericórdia:* veja-as em *Mateus 25,31-46;* elas serão critério fundamental para nosso julgamento.
- o *amor preferencial pelos pobres:* o amor pelos mais fracos, o Antigo Testamento já o recomendava: "Visto que nunca faltarão pobres na terra em que moras, eu te ordeno: abre tua mão para teu irmão, teu necessitado, teu pobre, em tua terra" (*Deuteronômio* 15,11); palavras que Jesus fez suas: "Os pobres, sempre os tendes convosco; a mim, porém, não tendes sempre" (*João* 12,8).

Para aprofundar: *CIC* n. 2401-2463.

OITAVO MANDAMENTO: **NÃO LEVANTAR FALSO TESTEMUNHO**

Qual é o sentido do oitavo mandamento? – Deus é a verdade, ele só pode querer a verdade. Nós, que somos suas criaturas, seus filhos, seríamos infiéis a ele e o ofenderíamos se faltássemos com a verdade. Faltar à verdade por palavras ou atitudes significa rejeitar a retidão moral, a honestidade do ser humano, mais ainda do cristão. Amar a Deus sobre todas as coisas significa também amar mais a verdade do que nossos interesses, que poderíamos defender com a mentira.

Por que devemos "viver na verdade"? – O Antigo Testamento está repleto de afirmações a respeito da verdade de Deus. Podemos resumi-las todas na palavra de São Paulo: "Seja Deus reconhecido veraz" (*Romanos* 3,4). O mesmo acontece no Novo Testamento a respeito de Jesus. Ele veio entre nós "cheio de graça e de verdade... A lei foi dada por meio de Moisés, a graça e a verdade vieram por Jesus Cristo" (*João* 1,14.17).

Jesus prometeu a seus ouvintes: "Se permanecerdes em minha palavra, sereis verdadeiramente meus discípulos e conhecereis a verdade, e a verdade vos libertará" (*João* 8,31-32). E acrescentou: "Quando ele vier, o Espírito da verdade, então ele vos guiará a toda a verdade" (*João* 16,13). Finalmente pediu que os discípulos fossem verazes: "Seja vosso sim, sim, e vosso não, não" (*Mateus* 5,37).

O ser humano como tal foi feito para a verdade? – Sim. Como diz o Concílio Vaticano II, "é postulado da própria dignidade que os homens todos, por serem pessoas..., sintam-se por natureza impelidos e moralmente obrigados a procurar a verdade, sobretudo a que concerne à religião. São obrigados também a aderirem à verdade conhecida e a ordenar toda a vida segundo as exigências da verdade".[22] E Santo Tomás de Aquino acrescenta: "Os homens não poderiam

[22] *Dignitatis Humanae* 2.

viver juntos se não tivessem confiança recíproca, quer dizer, se não manifestassem a verdade uns aos outros".[23]

Devemos dar testemunho da verdade? – Sem dúvida. Nós devemos ser como Jesus, que disse: "Eu nasci e vim ao mundo para isto: para dar testemunho da verdade" (*João* 18,37). É exatamente este o conteúdo do oitavo mandamento: "Não darás falso testemunho contra teu próximo" (*Êxodo* 20,16). E Jesus insiste: "Ouvistes também que foi dito aos antigos: 'Não jurarás falso', mas 'cumprirás os teus juramentos feitos ao Senhor'" (*Mateus* 5,33). Por isso nós devemos ser, em toda parte e todo lugar, testemunhas do Evangelho e de tudo quanto ele ensina.

Qual é o ato supremo de testemunho da verdade? – O *martírio* é o máximo testemunho da verdade que se pode dar, pois ele envolve a morte da pessoa, a supressão da vida por amor à fé, por amor a Cristo. Santo Inácio de Antioquia, fervoroso mártir do século II, sendo conduzido a Roma, para ser sacrificado, escreveu aos romanos prevenindo-os para que nada fizessem a fim de livrá-lo de morrer por Cristo: "Deixai-me ser comida das feras. É por elas que me será concedido chegar até Deus".[24] O martírio pode ter motivações diversas, contanto que seja sempre por amor a Deus, a alguma virtude, como a fé, a justiça, a pureza, o amor ao próximo.

OFENSAS À VERDADE

Como se falta à verdade? – De muitas formas, principalmente por meio da mentira, indigna de quem é discípulo de Cristo. Quem foi batizado, como ensina São Paulo, deve revestir-se "do homem novo, criado à imagem de Deus, em justiça e santidade da verdade. Portanto, deixando a mentira, que cada um diga a verdade a seu próximo" (Efésios 4,24-25). E São Pedro acrescenta: "Despojai-vos de

[23] Citado pelo *CIC* n. 2469.
[24] Citado pelo *CIC* n. 2473.

toda maldade, de todo engano, hipocrisia e inveja e de toda calúnia" (1 Pedro 2,1).

O cristão, portanto, deve ser verdadeiro em tudo o que faz e diz, do contrário não será discípulo daquele que declarou: "Eu sou o caminho, a verdade e a vida" (*João* 14,6). Jesus foi severo com os mentirosos: "Vós tendes por pai o diabo, e quereis fazer o que vosso pai deseja. Ele era homicida desde o princípio e não permaneceu na verdade, porque nele não há verdade. Quando ele fala mentira, falo o que é próprio dele, pois ele é mentiroso e pai da mentira" (*João* 8,44).

É grave mentir? – A *gravidade* da mentira depende do tipo de verdade que ela deforma, das circunstâncias em que é pronunciada, das intenções de quem a profere, dos prejuízos que ela acarreta. É pecado mortal quando fere gravemente as virtudes da justiça e da caridade. Mentir está errado por natureza. Quem mente profana a palavra, dom de Deus, concedido a nós para falar a verdade, não para enganar o próximo. A mentira causa grandes prejuízos na sociedade, destrói a confiança entre as pessoas e afeta o relacionamento.

Há obrigação de reparar a mentira? – "Toda falta cometida contra a justiça e a verdade impõe o dever de reparação, mesmo que seu autor tenha sido perdoado [no sacramento da Penitência]. Quando se torna impossível reparar um erro publicamente, deve-se fazê-lo em segredo; se aquele que sofreu o prejuízo não pode ser diretamente indenizado, deve-se dar-lhe satisfação moralmente, em nome da caridade. Esse dever de reparação se refere também às faltas cometidas contra a reputação de outrem. Essa reparação, moral e, às vezes, material, será avaliada na proporção do dano causado e obriga em consciência" (*CIC* n. 2487).

Há outras formas de faltar à verdade? – Principalmente estas:

- é falta muito grave *dar falso testemunho;* pior ainda jurar que é verdade quando na realidade é mentira, coisa que se classifica de *perjúrio;* trata-se de faltas que prejudicam gravemente o próximo, às vezes com consequências terríveis, como condenar um inocente à prisão perpétua ou até a morte, como tem acontecido;

- outra forma de faltar à verdade é *prejudicar a boa fama* das pessoas, o que pode acontecer de diversas formas: por *juízo temerário,* isto é, pensar mal de alguém ou falar sem ter fundamento real para isso; por *maledicência,* que consiste em revelar a outros defeitos de terceiros sem haver motivos muito sérios para isso; por *calúnia,* ao inventar coisas a respeito de alguém, sabendo que é mentira. Tudo isso acaba destruindo a reputação e a honra do próximo;
- são ainda contra a verdade: *a bajulação, adulação ou complacência;* essas atitudes ou confirmam os outros em seus vícios ou buscam vantagens indevidamente;
- também a *jactância* ou fanfarronice, bem como a *ironia* são contra a verdade: todas elas acabam falsificando a realidade de si mesmo ou dos outros.

O RESPEITO PELA VERDADE

Como respeitar a verdade? – A verdade deve ser sempre respeitada. Isto, porém, não significa que ela deva ser dita a qualquer pessoa. Há critérios para isso. O *direito à comunicação ou informação da verdade* não é sem condições. O critério máximo é o Evangelho, em particular o amor fraterno. O bem dos outros, sua privacidade, o bem comum, o dever de evitar escândalo muitas vezes nos obrigam a calar. Por isso é preciso avaliar cada vez se convém ou não revelar a verdade a quem quer sabê-la; e ninguém é obrigado a revelá-la a quem não tem o direito de exigi-la.

Há casos especiais que exigem sempre rigor? – Especialmente dois:

- o *sigilo do sacramento da Reconciliação*: do qual o *Código de Direito Canônico* cânon 983,1 diz: "O *sigilo sacramental* é inviolável; por isso não é lícito ao confessor revelar o penitente, com palavras, ou de qualquer outro modo, por nenhuma causa";

- os *segredos profissionais* também entram na linha do sigilo absoluto, a não ser que o segredo prejudique gravemente a quem o confia, a quem o recebe ou a terceiros. De modo geral, exigem-se reservas quanto à privacidade das pessoas, mais ainda quando ocupam cargos de responsabilidade e a violação do sigilo pode comprometer outros.

E os meios de comunicação social têm obrigações com a verdade? – Quem não conhece a importância dos meios de comunicação social? Entretanto eles deveriam estar unicamente a serviço da verdade e do bem comum. Todos sabemos o quanto são manipulados e quanta influência eles têm sobre a mente e o coração humanos, particularmente dos jovens.

Tanto os formadores de opinião pública, quanto os detentores dos meios de comunicação social e os usuários deles devem formar a própria consciência e servir-se de tais meios em função da verdade, da justiça, da caridade e do bem comum. O que vemos, infelizmente, não é bem isso; pelo contrário... É preciso, porém, lutar para que esse grande dom de Deus, sempre mais sofisticado e rápido, sirva para o bem de todos e para a glória de Deus.

A beleza e a arte também têm compromissos com a verdade? – A verdade é bela em si mesma. Além de se expressar pela palavra, ela pode também se expressar por meio da *arte*. A arte evoca o que a verdade contém de indizível, as profundezas do coração humano, as elevações da alma, o mistério de Deus. De fato, antes de se revelar ao homem em palavras de verdade, Deus se revela pela linguagem da beleza das criaturas, "pois foi o princípio e autor da beleza quem as criou... De fato, partindo da grandeza e beleza das criaturas, pode-se chegar a ver, por analogia, o Criador" (*Sabedoria* 13,3.5).

Em particular, qual deve ser o objetivo da arte sacra? – "A *arte sacra* é verdadeira e bela quando corresponde, por sua forma, a sua vocação própria: evocar e glorificar, na fé e na adoração, o Mistério transcendente de Deus, beleza excelsa invisível de verdade e amor, revelada em Cristo, "resplendor de sua glória, expressão de seu Ser" (*Hebreus* 1,3), em quem "habita corporalmente toda a plenitude da divindade" (*Colossenses* 2,9), beleza espiritual refletida na Santíssima Virgem Maria, Mãe de Deus, nos anjos e santos. A arte sacra verdadeira leva o homem à adoração, à oração e ao amor de Deus Criador e Salvador, Santo e Santificador" (*CIC* n. 2502).

Para aprofundar: *CIC* n. 2464-2513.

NONO MANDAMENTO:
NÃO DESEJAR A MULHER DO PRÓXIMO

Qual é o sentido do nono mandamento? – Na verdade, a formulação atual desse mandamento pode parecer restrita ao homem com relação à mulher alheia. Mas não é assim: o que ele, de fato, quer inculcar é que nosso amor a Deus e ao próximo nos deve levar a evitar toda forma de a *concupiscência carnal*. Em outras palavras, ele se refere a toda forma de maus pensamentos e desejos carnais.

Sabemos como somos fracos no campo da carne e como nossa mente e nosso coração são vítimas fáceis de imaginações não condizentes com a pureza do amor. Entendemos melhor, então, o nono mandamento ao lembrarmos as palavras de Jesus já citadas anteriormente: "Todo aquele que olhar para uma mulher, cobiçando-a, já cometeu adultério com ela em seu coração" (*Mateus* 5,28).

O que é concupiscência da carne? – Ouçamos São João: "Tudo o que há no mundo – o desejo da carne, o desejo dos olhos e a ostentação da riqueza – não vem do Pai, mas do mundo" (*1 João* 2,16). Essas palavras foram sempre sintetizadas em três formas de *cobiça* – é isto o que significa a palavra *concupiscência* –, isto é, a concupiscência da carne, a concupiscência dos olhos e a soberba da vida.

Elas resumem tudo o que o ser humano pode desejar de forma desregrada. Eis a palavra de Jesus: "É do coração que saem as más intenções: homicídios, adultérios, fornicações, roubos, falsos testemunhos, blasfêmias" (*Mateus* 15,19). E São Tiago explica: "Cada qual é tentado por seu próprio desejo, que o arrasta e seduz. Em seguida, o desejo concebe o pecado e o dá à luz" (*Tiago* 1,14-15). Realmente, nossos atos brotam de nossa mente e de nosso coração.

A PURIFICAÇÃO DO CORAÇÃO

Como purificar o coração? – A vigilância e a luta devem ser constantes. Desde que o pecado deixou em nós sua marca, isto é, a inclinação para o mal, precisamos estar sempre atentos e servir-nos de todos os meios para não permitirmos que surjam em nós maus desejos. Aqui tem grande importância a virtude da *temperança*, moderadora de todos os nossos comportamentos. Jesus proclamou: "Felizes os puros no coração, pois eles verão a Deus" (*Mateus* 5,8).

Ser puro de coração significa procurar pertencer totalmente a Deus em pensamentos, palavras e obras. O coração, na Bíblia, é considerado o centro da pessoa: ter um coração puro é ser uma pessoa pura. É a pureza de coração que, como diz a sexta bem-aventurança, permite *ver a Deus:* ou seja, ver a Deus em tudo e ver tudo conforme Deus vê, portanto, sem maldade nenhuma.

Como buscar a pureza de coração? – O coração vai se purificando à medida que lutamos contra pensamentos e desejos desordenados no campo da castidade. Isso é feito:

- pela virtude e pelo *dom da castidade,* que nos permite amar com um coração reto e indiviso;
- pela *pureza de intenção,* pois na vida é preciso agir sempre tendo em vista o fim verdadeiro do homem, ou seja, fazer em tudo a vontade de Deus e opor-se a tudo o que pode ofendê-lo;
- pela *pureza do olhar*, exterior e interior; pela disciplina dos sentimentos e da imaginação; pela recusa de toda complacência nos pensamentos impuros, que tendem a desviar-nos do caminho dos mandamentos divinos;
- pela *oração,* dado que sem ela é impossível aderir à vontade de Deus e obter forças para cumprir os mandamentos;
- pelo *pudor,* que defende a intimidade, a privacidade das pessoas, não expõe o que deve ficar resguardado, torna a pessoa delicada e respeitosa com o próprio corpo e com o corpo

dos outros. O pudor envolve sobretudo os olhares, a língua, os gestos, o modo de se comportar, de se apresentar... Sem o pudor, é impossível viver a castidade;

- pela *purificação do clima social,* pois os meios de comunicação social têm grande responsabilidade nesse campo; estão errados quando, por suas apresentações, incentivam o erotismo, os espetáculos ofensivos à moral sexual; enfim, por tudo o que é falta de respeito e de modéstia;
- pelo *combate à permissividade dos costumes,* que frequentemente se baseia na falsa noção de liberdade de pensar que se pode fazer de tudo, sem limite para nada; de fato, recorre-se imediatamente ao grito de "Censura!" quando se observa que certas coisas não podem ser veiculadas impunemente para a virtude. Precisamos deixar-nos guiar pela lei moral, e os responsáveis pela educação têm obrigação grave de educar a juventude nesse campo.

Para aprofundar: *CIC* n. 2514-2533.

DÉCIMO MANDAMENTO:
NÃO COBIÇAR AS COISAS ALHEIAS

Qual é o sentido do décimo mandamento? – Esse mandamento é um complemento do nono. "Não cobiçarás a casa de teu próximo. Não cobiçarás a mulher de teu próximo, nem seu servo, nem sua serva, nem seu boi, nem seu jumento, nem coisa alguma que pertença a teu próximo" (*Êxodo* 20,17).

Vimos como São Tiago diz que toda forma de cobiça nasce do coração. A cobiça dos bens alheios está na raiz do roubo, da rapina, da fraude, enfim, de tudo o que o sétimo mandamento condena. O "desejo dos olhos" (*1 João* 2,16) está na raiz da violência e da injustiça, condenadas pelo quinto mandamento.

A cobiça é uma forma de *idolatria,* vê o bem desejado como uma espécie de deus; o mesmo se dá com a fornicação e a própria idolatria, proibidas pelos três primeiros mandamentos. Em resumo, o décimo mandamento, junto com o nono, zela pela pureza integral do coração e resume todos os mandamentos da Lei. Por quê? Porque só um coração puro e reto ama a Deus *sobre todas as coisas* e ao próximo como a si mesmo.

O que proíbe o décimo mandamento? – Nossos apetites em si são indiferentes. Quando, porém, passam da medida, levam-nos a cobiçar o que não nos pertence ou a ter desejos imoderados. Por isso o décimo mandamento proíbe:

- a *avidez,* que consiste no desejo exagerado de apropriar-se dos bens terrenos;
- a *cupidez* ou *cobiça,* que consiste em uma paixão desmedida pela posse de riquezas e de poder, e que leva as pessoas a nunca se saciarem de coisas: "Quem ama o dinheiro dele não se fartará" (*Eclesiastes* 5,9). E São Paulo acrescenta: "Na verdade, a raiz de todos os males é o amor ao dinheiro" (*1 Timóteo* 6,10). Essa é a grande tentação daqueles que, con-

tanto que tenham elevados lucros, até anseiam por situações de miséria e sofrimento, a fim de poder explorá-las;

- a *inveja,* que consiste na tristeza que se sente diante do bem dos outros e do forte desejo que se tem de apropriar-se dele. Quando se deseja um mal grave, é pecado grave. Lembremos aqui a história de Davi, que se deixou levar pela inveja, apropriou-se da mulher de Uria e como Deus o castigou: veja o episódio em *2 Samuel 11-12.* Foi a inveja que levou o diabo a tentar nossos primeiros pais, como também foi por inveja que Caim matou Abel... Santo Agostinho diz que a inveja é "o pecado diabólico por excelência". E São Gregório Magno afirma que "da inveja nascem o ódio, a maledicência, a calúnia, a alegria causada pela desgraça do próximo e o desprazer causado por sua prosperidade".[25] A inveja é um dos *sete vícios capitais.*

OS BONS DESEJOS

Como alimentar os bons desejos em vez dos maus? – Diz São Paulo: "Como homem interior, ponho toda a minha satisfação na Lei de Deus; mas sinto em meus membros outra lei, que luta contra a lei de minha mente e me aprisiona na lei do pecado, que está em meus membros" (*Romanos* 7,22-23). Essa é a situação de todos nós, esse é o conflito que todos nós devemos enfrentar. Como? São Paulo pergunta e ele mesmo responde: "Quem me libertará deste corpo de morte? Graças sejam dadas a Deus por Jesus Cristo, nosso Senhor" (*Romanos* 7,24-25).

E Jesus, com sua morte, pregou na cruz todo pecado, convidando-nos a fazer o mesmo, como diz ainda São Paulo: "Os que pertencem a Jesus Cristo crucificaram a carne com suas paixões e seus desejos" (*Gálatas* 5,24). Além de Cristo morrer na cruz para nos livrar

[25] Citados pelo *CIC* n. 2539.

do pecado, o próprio São Paulo acrescenta ao texto apenas citado: "Se vivemos pelo Espírito, procedamos também de acordo com o Espírito" (*Gálatas* 5,25). Portanto, o Espírito Santo é nosso grande defensor contra o mal e aquele que alimenta em nós os desejos do bem.

Como dar lugar no coração aos desejos do bem? – Esvaziando o próprio coração. Jesus proclamou: "Felizes os pobres no espírito, porque deles é o Reino dos Céus" (*Mateus* 5,3). Disse também: "Qualquer um de vós que não renuncia a tudo o que tem não pode ser meu discípulo!" (*Lucas* 14,33). A pobreza, segundo Evangelho, é condição indispensável para ter o coração livre e possuir o Reino. Só um coração livre das coisas terrenas pode ser guiado pelo Espírito Santo.

O uso dos bens terrenos é lícito e necessário, mas é preciso cuidar para que ele não sufoque o coração por desejos desmedidos. É bom lembrar que cada Bem-aventurança, na redação de São Lucas, vem acompanhada de uma correspondente maldição: "Ai de vós, ricos, porque já tendes vossa consolação! Ai de vós que agora estais fartos, porque passareis fome!" (*Lucas* 6,24-25). Por isso é fundamental o abandono nas mãos da Providência do Pai: leia o belo texto de *Mateus 6,25-34.*

Quem pode saciar o coração humano tão desejoso de possuir? – No início de seu famoso livro *Confissões,* Santo Agostinho tem uma passagem que responde excelentemente a essa pergunta: "Nosso coração, Senhor, foi feito para ti, e ele está inquieto enquanto não repousar em ti". Só Deus pode saciar a sede de nosso coração de possuir o mais possível, isto é, a felicidade perfeita. Na Bíblia, *ver* é *possuir.* Assim, o maior desejo que podemos alimentar em nosso coração é o de *ver a Deus.* Terminemos com esta belíssima passagem de Santo Agostinho:

> (No céu) haverá a verdadeira glória; ninguém será louvado então por engano ou bajulação; as verdadeiras honras não serão recusadas àqueles que as merecem, nem concedidas aos indignos;

aliás, nenhum indigno terá tal pretensão, pois só quem é digno será admitido. Aí reinará a verdadeira paz, onde ninguém será sujeito à oposição nem de si mesmo nem dos outros.

Da virtude, o próprio Deus será a recompensa, ele, que deu a virtude e se prometeu a si mesmo como a recompensa (para ela) melhor e maior que possa existir: "Eu serei o seu Deus, e eles serão o meu povo" (*Levítico* 26,12). É também o sentido das palavras do Apóstolo: "Para que Deus seja tudo em todos" (*1 Coríntios* 15,12).

Ele mesmo será o fim de nossos desejos, aquele que contemplaremos sem-fim, amaremos sem saciedade, louvaremos sem cansaço. E esse dom, essa afeição, essa ocupação serão certamente como a vida eterna, comuns a todos.[26]

Para aprofundar: *CIC* n. 2534-2557.

[26] Citado pelo *CIC* n. 2550.

CONCLUSÃO

A conclusão não é minha: é do papa Bento XVI em uma de suas homilias e mensagens após a oração do *"Angelus"*.[27]

Na homilia da Missa: "Os mandamentos, se são vistos em profundidade, são o meio que o Senhor nos dá para defender nossa liberdade tanto dos condicionamentos internos das paixões como dos abusos externos dos mal-intencionados. Os 'não' dos mandamentos são outros tantos 'sim' ao crescimento de uma autêntica liberdade".

Após a oração do "Angelus": "O homem moderno não compreende os mandamentos; toma-os por proibições arbitrárias de Deus, por limites postos a sua liberdade. Mas os mandamentos de Deus são uma manifestação de seu amor e de sua solicitude paterna pelo homem. 'Cuida de praticar do que te fará feliz' (*Deuteronômio* 6,3; 30,15s): este, e não outro, é o objetivo dos mandamentos.

Em algumas passagens perigosas do caminho que leva ao Monte Sinai, onde os dez mandamentos foram dados por Deus, para evitar que algum distraído ou inexperiente saísse do caminho e se precipitasse ao vazio, colocaram-se sinais de perigo, alertas ou se criaram barreiras. O objetivo dos mandamentos não é diferente disso. Nós mesmos vemos o que se passa na sociedade quando se pisoteiam sistematicamente certos mandamentos, como o de não matar ou não roubar..."

E seja de Jesus a última palavra: "Quem acolhe meus mandamentos e os observa, esse é quem me ama. Ora, quem me ama será amado por meu Pai, e eu o amarei e me manifestarei a ele" (*João* 14,21).

Não poderia haver recompensa maior para quem procura ser fiel à vontade de Deus.

---

[27] *Angelus*: é a oração *"O anjo do Senhor anunciou a Maria"*, que o Papa reza com o povo todos os domingos da janela de seu apartamento no Vaticano, quando também dirige aos presentes breve mensagem e dá sua bênção.

Este livro foi composto com as famílias tipográficas Acumin Pro, Segoe Ui e Minion Pro
e impresso em papel Offset 75g/m² pela **Gráfica Santuário.**